Marco Antonio Magalhães Lima

Introdução aos Materiais e Processos para Designers

3ª Edição

Introdução aos Materiais e Processos para Designers - 3ª Edição
Copyright© 2013 Editora Ciência Moderna Ltda.

Todos os direitos para a língua portuguesa reservados pela EDITORA CIÊNCIA MODERNA LTDA.

Nenhuma parte deste livro poderá ser reproduzida, transmitida e gravada, por qualquer meio eletrônico, mecânico, por fotocópia e outros, sem a prévia autorização, por escrito, da Editora.

Editor: Paulo André P. Marques
Capa e Diagramação: Cristina Cordeiro Fernandes
Revisão: Sandra Valéria Ferreira de Oliveira
Revisão de Provas: Equipe ECM

Várias **Marcas Registradas** aparecem no decorrer deste livro. Mais do que simplesmente listar esses nomes e informar quem possui seus direitos de exploração, ou ainda imprimir os logotipos das mesmas, o editor declara estar utilizando tais nomes apenas para fins editoriais, em benefício exclusivo do dono da Marca Registrada, sem intenção de infringir as regras de sua utilização.

FICHA CATALOGRÁFICA

Lima, Marco Antonio Magalhães

Introdução aos Materiais e Processos para Designers - 3ª Edição
Rio de Janeiro: Editora Ciência Moderna Ltda., 2013.

Manufaturas; Desenho de Produtos; Produtos Manufaturados
I — Título

ISBN: 978-85-399-0373-3   CDD 670

Editora Ciência Moderna Ltda.
Rua Alice Figueiredo, 46 – Riachuelo
CEP: 20950-150– Rio de Janeiro, RJ – Brasil
Tel: (21) 2201-6662
Fax: (21) 2201-6896
E-mail: lcm@lcm.com.br
www.lcm.com.br   04/13

SUMÁRIO

Capítulo I
Materiais
- introdução
- aspectos para seleção dos materiais
- materiais compostos

Capítulo II
Processos
- processos de fabricação e transformação
- moldes, modelos e outros

Capítulo III
Metais
- introdução
- metaisferrosos
- metais não-ferrosos
- processos para obtenção de peças em metal

Capítulo IV
Naturais
- madeira
- processos envolvendo madeira maciça e derivados

Capítulo V
Cerâmicas e Vidros
- introdução
- cerâmicas vermelhas
- cerâmicas brancas
- vidros
- processos para obtenção de peças cerâmicas
- processos para obtenção de peças vidro

Capítulo VI
Polímeros Sintéticos
- introdução
- termoplásticos
- termofixos
- elastômeros
- processos para obtenção de peças em polímeros sintéticos

Conclusão
Bibliografia
Sites na Internet

INTRODUÇÃO

O atual crescimento do *Design* no Brasil é incontestável seja no meio profissional ou acadêmico. Projetos, pesquisas, publicações, eventos, prêmios no exterior entre tantas outros, na grande maioria trabalhos de reconhecida qualidade e importância, ratificam esta afirmação. No âmbito do ensino e pesquisa esta ascensão pode ser confirmada pela criação e implantação de diversos cursos de graduação e alguns de pós-graduação em *Design* em todo país, bem como por inúmeras publicações existentes de autores nacionais. Muito embora para aqueles mais pessimistas esta realidade esteja ainda longe do ideal, acredito que este seja apenas um pequeno trecho de uma trajetória de vitórias do design nacional, que por sinal já foi iniciada, o que é muito bom.

A natureza generalista necessária à área do *design* está refletida na estrutura curricular dos cursos existentes, na qual temos no núcleo o "desenvolvimento de projeto" e, orbitando sobre este núcleo, um "punhado de disciplinas" oriundas de diferentes áreas do saber. Considerando a importância de todas estas disciplinas neste contexto, podemos verificar que a profundidade possível dada a cada uma é pequena e certamente requererá por parte do aluno uma constante atualização e gradativo aprofundamento sempre que se fizer necessário.

Neste elenco, aquela mais conhecida como "materiais e processos de fabricação" merece destaque, pois, o assunto é muito extenso e complexo para a carga horária disponível. Sendo para o orientador, difícil de transmitir e, para o aluno, difícil de absorver. Ocorre que embora todos acreditem ser fundamental para a formação de um designer saber como e com o que é feito um "produto", existe ainda muita resistência ao assunto pela maioria dos alunos, pois em geral, por mais que tentemos simplificar, acabamos voltando para uma abordagem muito técnica e com termos diferentes dos que estão habituados.

Na verdade, as dificuldades são muitas, mas como não é intenção deste trabalho tratar de estruturas curriculares, programas e ementas, podemos resumir observando que, embora o assunto seja de natureza "técnica" deve ter uma abordagem acessível ou, digamos, adequada a realidade do curso.

Neste sentido, diferentes ações podem ser levadas a cabo para minimizar esta situação, assim sendo o objetivo deste trabalho é contribuir para facilitar o aprendizado daqueles que estejam em formação, ou que estejam iniciando suas atividades profissionais na área do *design*, ou mesmo para aqueles que já tenham experiência e desejam saber um pouco mais sobre o assunto.

A idéia de preparar um livro sobre materiais e processos para designers existe há alguns anos, e foi motivada pelas seguintes razões: a primeira pelo extenso material de apoio que produzi para as disciplinas que lecionava (e ainda leciono) e a segunda pelo fato de que, salvo raras exceções, os livros de materiais e processos existentes são direcionados aos engenheiros, químicos e áreas correlatas com abordagem muito técnica e específica.

A produção deste material é fruto de minha experiência com indústrias desde os primeiros estágios até hoje, sempre em contato com projetos e com produtos seja como *designer*, orientador ou consultor. Nestes anos de experiência pude visitar centenas de indústrias dos mais diversos segmentos, feiras, exposições, e outros eventos no Brasil e no exterior nos quais pude recolher um significativo volume de informações por meio de observação simples, catálogos, *folders*, relatórios técnicos, amostras, *internet*, etc.

Neste livro existiu a preocupação de sempre que possível exemplificar o texto com esquemas, fotos ou ilustrações com o intuito de facilitar o entendimento por indivíduos leigos, escolhendo as informações que seriam mais importantes para o interesse de um designer (existem livros sobre materiais e/ou processos com abordagem bastante completa e detalhada) com uma profundidade que entendi, ser adequada ou suficiente.

Sempre que possível, procurou-se também tratar todos os materiais e de todos os processos escolhidos da mesma maneira, e com a mesma profundidade objetivando possibilitar um exame comparativo pelo leitor.

Evidentemente este trabalho não é completo nem tem a pretensão de se-lo pelo simples fato de existirem milhares de materiais e um número bem grande de processos que seria praticamente impossível tratar de todos. Assim sendo é importante salientar que este livro tem o objetivo de servir como uma referência inicial, um ponto de partida para que um estudante ou profissional, com pouca ou nenhuma experiência no assunto, possa, de acordo com seu interesse ou necessidade, se aprofundar nesta área por meio de levantamentos mais específicos em outras publicações, *sites*, fabricantes, fornecedores, profissionais, centros de pesquisa etc.

O livro está dividido nos seguintes capítulos: introdução aos materiais, introdução aos processos, materiais metálicos, materiais naturais, materiais cerâmicos e polímeros sintéticos.

O primeiro capítulo trata da classificação dos tipos (ou famílias) de materiais existentes e, de alguns tipos de materiais a elas pertencentes. Neste é levantada à importância do conhecimento das propriedades dos materiais, mostrando os tipos de propriedades existentes e, exemplificando algumas destas consideradas muito significativas. Também são tratados os materiais compostos, mostrando suas definições e sua importância para melhoria do desempenho de materiais distintos – muito embora o assunto venha a ser tratado adiante junto a cada material, como é o caso do MDF abordado no âmbito da madeira. Ainda neste capitulo são apontados os aspectos que podem ser úteis no estabelecimento de requisitos de projeto e, por conseguinte para a escolha ou seleção de materiais.

O segundo capítulo trata da classificação dos tipos ou famílias de processos de transformação – como cada um se caracteriza e, quais os processos existentes a estes interligados. Neste também é mostrada uma noção da questão do volume e da variedade de produção procurando relacionar tipos de produtos conhecidos com as atividades industriais típicas a estes relacionadas. Finalizando o capítulo, existe um resumo da nomenclatura empregada para modelos, moldes e gabaritos bem como a aplicação destes no desenvolvimento do projeto do produto e na indústria com vistas a familiarizar o leitor com termos que serão utilizados no livro.

Os capítulos restantes tratam, cada qual, de uma família de materiais, procurando manter uma estrutura de apresentação similar, constituída de: uma introdução, seguido pela apresentação dos materiais mais importantes e, por fim, os processos mais empregados na transformação destes materiais.

Para a maioria dos materiais procurou-se apontar as características e propriedades marcantes, as aplicações possíveis, os processos de transformação, bem como os formatos comerciais (aspecto físico da matéria-prima).

Para a maioria dos processos procurou-se apontar breves noções de produção econômica, de equipamentos necessários, as aplicações, limitações, matérias-primas empregadas e, fechando, a descrição do processo.

É importante salientar que os materiais e os processos foram abordados na forma padrão, ou seja, da maneira mais simples para qual foram desenvolvidos e que certamente existem desdobramentos ou variações dos mesmos que implicam em diferentes características ou especificidades.

Por fim, é sempre recomendável que as informações obtidas neste trabalho sejam comparadas e/ou complementadas com dados de outras diferentes fontes, pelo fato de que enquanto muitas características de materiais ou de processos, permaneçam inalteradas outras podem sofrer mudanças (de forma lenta ou súbita) motivadas por circunstâncias comerciais, evoluções técnicas, surgimento de novas legislações, entre outras que podem vir a modificar de forma significativa as características aqui expostas.

AGRADECIMENTOS

Agradeço a todos os amigos e colegas do meio acadêmico, professores e alunos da área de Design que direta ou indiretamente tenham contribuído com a realização deste trabalho, seja com incentivos pessoais, dicas ou informações.

Valiosas para o conteúdo desta obra foram as informações que pude obter por meio de visitas à inúmeras fabricas e aos contatos com profissionais especializados que conheci ao longo de todos estes anos, aos quais sou muito grato. Aqui devo destacar a fábrica de carrocerias Ciferal do Rio de Janeiro, representada por todos os colegas com os quais tive o prazer de trabalhar e aprender, em especial aqueles das áreas de engenharia de projeto, engenharia industrial e engenharia de produção. Nesta parte não poderia deixar de citar o Sr Fritz Weissmann (in memorian), fundador da empresa, por sua ética e por seus sábios ensinamentos, bem como engenheiro Fernando Serafim e o projetista Nelson Lopes pela paciência que devotaram ao meu aprendizado.

Gostaria também de agradecer a ajuda do amigo Maurício Vieira pelas informações sobre máquinas e equipamentos para marcenaria, e do Eng. Pedro Ribeiro, diretor da Perí Plásticos, pela paciência dedicada a mim e a meus alunos bem como por valiosas informações sobre o processo de compressão.

Meus sinceros agradecimentos às pessoas e empresas que contribuíram com imagens fundamentais para esta obra e que embora passem desapercebidas são, em geral, muito complicadas para conseguir...

Por fim, gostaria de fazer um agradecimento especial à Cristina, minha esposa, que além de não permitir que eu abandonasse esse projeto no meio do caminho, foi responsável pelo seu projeto gráfico.

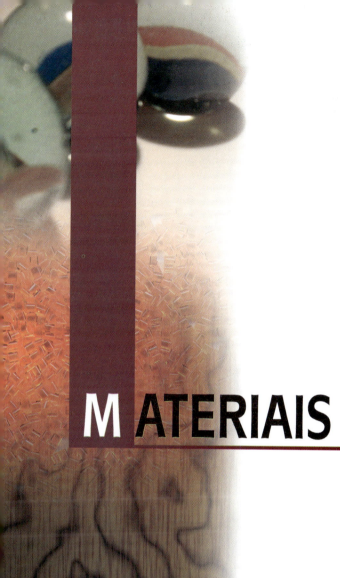

MATERIAIS

CAPÍTULO I

MATERIAIS

Introdução
- Propriedades dos materiais

Aspectos para seleção dos materiais
- Funcionamento
- Uso
- Fabricação
- Ecológicas
- Normas e legislação

Materiais compostos
- Classificação dos materiais

INTRODUÇÃO

O universo dos materiais existentes disponíveis à interferência humana é enorme[1] e complexo sendo tratado de forma mais completa no âmbito da engenharia dos materiais no qual estão envolvidos, além da ciência dos materiais, aspectos relativos a química orgânica e inorgânica, a fisico-química, a reologia, formas de processamento entre outros.

Considerando a dimensão e a complexidade do assunto procuramos agrupar algumas informações que entendemos ser de interesse básico para designers iniciantes, um ponto de partida sobre o assunto que sirva como impulso para futuras pesquisas e aprofundamentos. Assim sendo, neste pequeno texto introdutório apresentamos uma maneira de classificar os materiais e destacamos algumas de suas propriedades importantes.

Se nos depararmos com as bibliografias existentes que de alguma maneira tenham como foco os materiais, certamente encontraremos diferentes formas de classificação decorrentes do enfoque ou campo de interesse dentro do assunto. Aqui, adotaremos como base a classificação que compreende as seguintes famílias de materiais: cerâmicos, naturais, metálicos, poliméricos e compostos (ou compósitos), conforme quadro a seguir.

Como poderá ser notado adiante, não trataremos de todos os materiais relacionados no quadro (mesmo que resumidamente) mas sim, daqueles entendidos como mais significativos ou considerados elementares, qual sejam os materiais cerâmicos, compreendendo as cerâmicas brancas e os vidros mais empregados pela indústria; os materiais naturais representados pela madeira na sua forma maciça e transformada; os metais pelos ferrosos e não-ferrosos comuns; os polímeros pelos grupos dos sintéticos que envolve os termoplásticos, termofixos e elastômeros mais significativos no mercado. Já os materiais compostos não terão um capítulo específico muito embora seja indiscutível sua importância, no final deste capítulo haverá uma discrição sobre esta família, e ao longo deste trabalho serão abordados alguns exemplos.

---

[1] Manzini (1993) apontava para um número superior a setenta mil tipos diferentes de materiais.

Classificação dos materiais

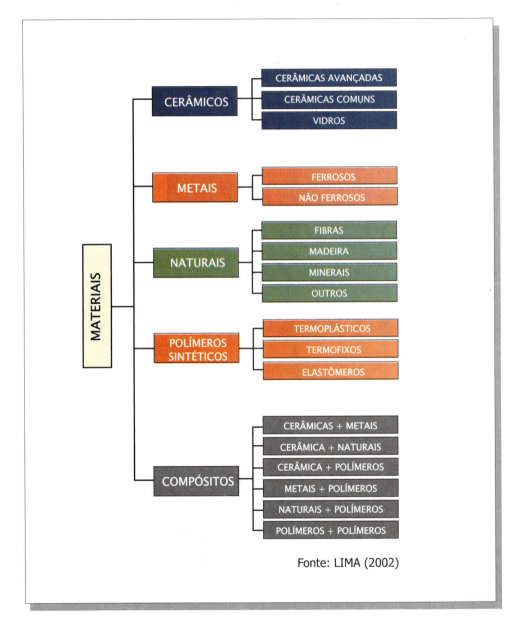

Fonte: LIMA (2002)

■ PROPRIEDADES DOS MATERIAIS

Todo material é constituído por uma enorme quantidade de átomos geralmente e agrupados/ organizados na forma de moléculas que podem variar na configuração e quantidade. A forma como os átomos e moléculas estão dispostos no material é fundamental para determinar seu comportamento diante, por exemplo, de forças externas as quais seja submetido. Esta disposição é chamada de microestrutura que pode ser caracterizada como cristalina ou como amorfa (ou vítrea).

Na estrutura cristalina, os átomos estão organizados na forma de sólidos (cúbica, hexagonal etc.) distribuídos de maneira bem definida e regular por toda (ou quase toda) extensão do material. Na disposição cristalina encontramos diferentes comportamentos (propriedades) a medida que seja alterada por exemplo a direção de atuação de uma força sobre o o material o que o caracteriza como anisótropico. O melhor exemplo de materiais que constitui este grupo são os metais.

Na estrutura amorfa (ou vítrea), a disposição os átomos e as moléculas é desordenadas como ocorre, por exemplo, com os vidros e as cerâmicas. "Substâncias amorfas são aquelas cuja estrutura molecular não está definida, são isótropicas, o que indica que suas propriedades físicas são iguais em todas as direções" (MALISHEV et alli, 1967)

Existem materiais que são constituídos ao mesmo tempo por estruturas cristalinas e amorfas como é o caso dos termoplásticos como o polietileno.

Algumas considerações a respeito poderão ser vistas adiante quando abordarmos as famílias dos materiais. Aqui é importante saber que a maneira como um material se comporta sob a ação de esforços mecânicos, intempéries, sua aparência, seu peso, a sensação passada ao ser tocado, seu desempenho elétrico e térmico etc. são propriedades definidas pela microestrutura (e seus elementos) que o constitui.

É oportuno lembrar que até hoje a forma como os átomos são organizados está limitada ao que a tecnologia impõe ao homem. Em um futuro não tão distante com avanços significativos da nanotecnologia será possível projetar moléculas que funcionarão de acordo com necessidades e desempenhos desejados ou seja terão propriedades específicas. Muito embora o projeto destas moléculas esteja limitado pela natureza química dos elementos, isto poderá revolucionar por completo não só o universo dos materiais disponíveis como também dos processos existentes.

As propriedades podem ser físicas, químicas ou físico-químicas conforme descrito no quadro a seguir.

As propriedades físicas avaliam o comportamento do material sob ação de esforços mecânicos, do calor, da eletricidade ou da luz.

FÍSICAS

PROPRIEDADES MECÂNICAS
- módulo de elasticidade
- alongamento na ruptura
- resistência à fadiga/flexão dinâmica
- dureza
- resistência à tração
- resistência à fricção
- resistência à compressão
- resistência ao impacto
- resistência à abrasão
- resistência à flexão

PROPRIEDADES TÉRMICAS
- calor específico
- condutividade térmica
- transição vítrea
- fusão cristalina
- temperatura de distorção ao calor
- expansão térmica

PROPRIEDADES ELÉTRICAS
- rigidez dielétrica
- resistividade volumétrica
- fator de potência
- resistência ao arco
- constante dielétrica

PROPRIEDADES ÓTICAS
- índice de refração
- transparência

ESTABILIDADE DIMENSIONAL

DENSIDADE

QUÍMICAS

- resistência à degradação térmica
- resistência às radiações ultravioletas
- resistência a solventes e reagentes
- resistência a ácidos
- resistência a bases
- resistência à oxidação
- resistência à água
- inflamabilidade

FÍSICO-QUÍMICAS

- permeabilidade a gases e vapores

As propriedades químicas avaliam o desempenho/comportamento do material quando em contato (alteração em nível molecular-estrutural) de água, ácidos, bases, solventes etc.

Nem todas as propriedades são aplicadas para a avaliação do comportamento de um dado material. O teste de resistência ao impacto com entalhe, por exemplo, não é aplicável ao poliuretano e a borracha natural, pois estes não quebram nestas condições.

Um material tem suas proriedades físicas, químicas ou físico-químicas avaliadas de acordo com ensaios estabelecidos por normas como a americana ASTM (Americam Standards for Testing and Materials), a alemã DIN (Deutsche Institut für Normung), a internacional ISO (International Organization for Standardization) entre outras e, no Brasil, pela ABNT (Associação Brasileira de Normas Técnicas).

Para estes ensaios uma norma estabelece métodos que determinam as dimesões do corpo de prova (o material em si), a temperatura ambiente, posição do corpo etc.

Assim sendo, quando desejarmos comparar o desempenho de dois materiais distintos sem a ajuda imediata de um engenheiro, seria muito bom verificarmos se o ensaio de ambos foi realizado seguindo o mesmo método e a mesma norma (ou, se houver, uma norma equivalente).

Os valores obtidos pelos ensaios realizados com os materiais são expressos pelo tipo de "carga" (mecânica, elétrica, calórica etc.) por unidade de área como: N/m^2 (newton por metro quadrado), Kgf/mm^2 (quilograma-força por milímetro quadrado), $°C$ (grau celsius), kV/mm (kilovolt por milímetro), $Ohm.cm$ (Ohms por centímetro), g/cm^3 (gramas por centímetro cúbico) etc.

Não cabe aqui descrevermos todas as propriedades, os ensaios etc. pois a literatura técnica é extensa neste sentido e sua aplicabilidade é determinante para as áreas da Engenharia, da Química e da Física. Desta feita, preferimos comentar algumas destas propriedades que julgamos oportunas para o caráter introdutório deste trabalho.

Resistência à tração

Também chamada de resistência à tração na ruptura ou tenacidade, é avaliada pela ação de forças coaxiais opostas, que partem da estrutura do material para o seu exterior tendendo a esticá-lo. O resultado corresponde à carga aplicada ao material por unidade de área no momento de sua ruptura.

Os materiais metálicos, em especial o aço, merecem destaque pela excelente resistência à tração, assim como o PET que, dentre os plásticos, apresenta valores apreciáveis neste sentido.

Em geral, a maioria dos materiais quando transformados para geometria fibrilar (forma de fibras) como cordas, cabos de aço, tecidos, tendem a aumentar seu desempenho quando submetidos a esforços de tração no seu sentido longitudinal.

Resistência à compressão

São forças coaxiais opostas que convergem sobre um material tendendo a amassá-lo. Corresponde a tensão máxima que um material rígido suporta sob compressão longitudinal. Os materiais metálicos como aço e o alumínio resistem de forma notável aos esforços de compressão assim como algumas resinas termofixas como a uréia e a melamina formaldeído.

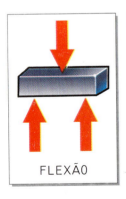

Resistência à flexão

Corresponde a tensão máxima desenvolvida na superfície de um material quando submetido ao dobramento. A referida tensão é conseqüência de forças coaxiais opostas situadas sobre eixos distintos, que convergem sobre o material tendendo a deformá-lo. Os vidros apresentam baixa resistência à flexão enquanto o composto de resina poliéster reforçado com fibra de vidro apresenta elevados níveis neste sentido.

Resistência ao impacto

Representa a resistência que um material rígido tem ao ser submetido ao impacto em alta velocidade de um corpo. É oportuno salientar que os materiais considerados rígidos podem apresentar diferenças no nível de rigidez, indo do mais quebradiço ao mais tenaz. Entre todos os materiais conhecidos, o aço e o policarbonato apresentam excelentes níveis de resistência ao impacto.

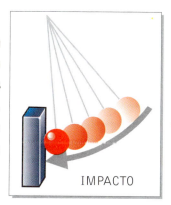
IMPACTO

Dureza

É a resistência que a superfície de um material tem ao risco. Um material é considerado mais duro que o outro quando consegue riscar esse outro deixando um sulco. Para determinar a dureza dos materiais, podemos usar uma escala de 1 a 10. O valor 1 (um) corresponde ao mineral menos duro conhecido pelo homem, o talco. Por sua vez, o valor 10 é a dureza do diamante, o mineral mais duro.

Em virtude da diversidade de materiais existem outros tipos de testes para avaliação da dureza. São eles:

- o Brinell – realizado com uma esfera sendo forçada sobre a superfície do material;
- o Rockwell – com um cone de diamante sendo forçado sobre a superfície do material, indicado para materiais muito duros;
- o Vickers – que emprega uma pirâmide de diamante sendo forçado sobre a superfície do material - indicado para teste em chapas ou corpos de pouca espessura;
- o Shore – que é realizado pressionando-se um pino (com a ação de uma mola) contra o elastômero para penetrá-lo, este teste é indicado para materiais mais elásticos e espumas como as borrachas e poliuretanos celulares neste caso, temos a Dureza Shore que pode ser A (- duros), B, C ou D (+ duros).

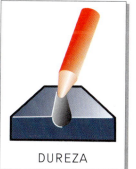
DUREZA

Condutividade térmica

Expressa a propriedade do material ser ou não bom condutor de calor, medindo-se a quantidade de calor transferida, em determinado período de tempo, por unidade de área.

Os metais são excelentes condutores de calor (e também de frio) com destaque para o alumínio que ratifica sua posição pelo emprego na fabricação de radiadores, bloco de motores, torres de refrigeração etc., todos com a função de dissipação de calor. Os plásticos, a madeira e a cerâmica são maus condutores.

Densidade

Densidade corresponde a massa por unidade de volume de um material. Também pode ser chamada de massa específica ou peso específico, a densidade é apresentada nas seguintes unidades: g/cm³ ou kg/m³.

Podemos observar na tabela a seguir que os metais apresentam valores significativamente altos em relação aos demais materiais como a maioria das madeiras para as quais a densidade é baixa girando em torno de 1 g/cm³. A densidade é uma propriedade muito importante para o projeto no que tange a economia, tanto no transporte e no consumo da matéria-prima bem como para os aspectos ergonômicos do produto.

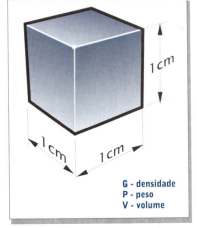

G - densidade
P - peso
V - volume

Tabela comparativa de densidade

Material	Densidade (g/cm³)	Material	Densidade (g/cm³)
Aço	7,8	Madeira Acácia	0,58 - 0,85
Acrílico	1,18	Madeira Ébano	1,2
Alumínio	2,6	Madeira Pinho	0,31 - 0,76
Bakelite	1,36 a 1,46	Madeira Teca	0,9
Bronze	8,7	Magnésio	7,3
Cálcio	1,5	Níquel fundido	8,3
Carvão de madeira	0,4	Ouro	19,3
Carvão mineral	1,2 - 1,5	Prata	10,5
Cobre	8,8	Porcelana	2,15 - 2,36
Cromo	7,1	Refratário	1,8 - 2,2
Couro seco	0,86	Topázio	3,54
Diamante	3,5	PET	1,36 - 1,45
Estanho	3,5	Poliamida (PA-6)	1,12 - 1,14
Granito	2,5 - 3,05	Poliestireno	1,05 - 1,06
Ferro puro	7,8	Polipropileno	0,90
Ladrilho	1,4 - 2,0	Resina Epóxi	1,15 - 1,20
Latão	8,1 - 8,6	Titânio	4,5

Rigidez dielétrica

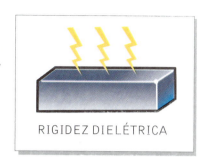

RIGIDEZ DIELÉTRICA

Indica qual a capacidade de isolamento de um material, sendo medida pela tensão elétrica (em V/mm) que o material pode suportar antes da ocorrência de perda das propriedades isolantes. Assim sendo, não podemos avaliar neste teste os materiais metálicos que são bons condutores de eletricidade. Os plásticos em geral são maus condutores com destaque para o Polietileno de baixa densidade e o PVC.

Transparência:

Corresponde a quantidade de luz visível que passa pelo material de um meio para o outro. A transparência é expressa em percentual (%) sendo o resultado "da razão entre a quantidade de luz que atravessa o meio e a quantidade de luz que incide paralelamente à superfície" conhecido também por transmitância (MANO, 1991). O acrílico e o policarbonato apresentam elevados índices de transparência – acima de 90%, já no vidro comum fica em torno de 70 a 80%.

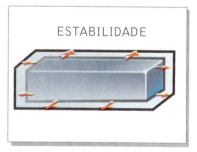

ESTABILIDADE

Estabilidade dimensional

Avalia a capacidade do material em manter suas dimensões originais na presença de umidade, calor etc. Existem materiais muito hidroscópicos (absorvem água), o que implica na alteração do seu volume e por conseguinte de suas dimensões como o Bakelite que incha em contato permanente com a água.

Formatos comerciais dos materiais

Os materiais podem ser encontrados em diferentes formatos, respeitando diversas limitações que podem ser impostas, por exemplo, pela sua constituição estrutural, transporte, manuseio, estocagem, meio ambiente etc., a matéria-prima pode apresentar-se nos seguintes formatos: blocos ou placas, laminar, fibrilar, grão, pó, líquida. O formato praticamente define a maneira de como o material será transformado, ou seja, define o processo.

Formato	Exemplo de Materiais
Blocos/ Placas	Metais, madeira, polímeros
Laminar/ Plana	Metais, madeira, cerâmicos, polímeros
Fibrilar/ Fio	Metais, madeira (e outros fibras vegetais), cerâmicos e polímeros
Grão	Metais, cerâmicos (argilas e outros elementos), polímeros
Pó	Metais, cerâmicos (argilas e outros elementos), polímeros
Líquida	Metais (mercúrio), cerâmicos (barbotina), polímeros

ASPECTOS PARA SELEÇÃO DOS MATERIAIS

Num projeto de produto típico, a escolha definitiva de um ou mais materiais é formalmente estabelecida na etapa de detalhamento (também considerada como especificação do produto) sendo, em geral, reflexo de uma seqüência de levantamentos, estudos e avaliações que vêm ocorrendo desde o início da atividade projetual.

Considerando o *Briefing*[2] como ponto de partida de qualquer projeto, poderemos encontrar duas situações básicas:
- O *briefing* recomenda o uso de um ou mais materiais;
- O *briefing* não inclui recomendações sobre materiais;

A primeira situação pode ser decorrente de razões diversas como, por exemplo: por pura e simples vontade do cliente, pela economia de custos, pela existência de normas e legislações vigentes para o produto, por limitações tecnológicas locais etc. É mais fácil para os designers, principalmente para aqueles que trabalham dentro de empresas/ indústrias que são, em geral, totalmente voltadas para o emprego de materiais e de processos fabricação bem definidos que por razões econômicas só podem ser modificados

---
2 Segundo a ADG Brasil (2002) o termo de origem inglesa *Briefing* significa: " Resumo; série de referências fornecidas contendo informações sobre o produto ou objeto a ser trabalhado, seu mercado e objetivos. O briefing sintetiza os objetivos a serem levados em conta para o desenvolvimento do trabalho".

e/ou substituídos após longo período de tempo. Neste caso, se por um lado temos uma limitação para exploração de diferentes tipos de materiais e processos, por outro, temos a necessidade de intensa criatividade para obtenção de diferentes resultados com a mesma tecnologia – além do fato de que os designers que trabalham neste regime sejam, pela freqüência de contato, verdadeiros especialistas tanto no conhecimento como na exploração de possíveis aplicações destes materiais.

Para o caso dos designers sem experiência anterior com o material requisitado faz-se necessário conhecê-lo primeiro através da observação de produtos similares (ou não) partindo para apreciação de literaturas técnicas especializadas que apresentem suas propriedades (potencialidades e limitações), formas de transformação, aspectos comerciais e implicações ambientais.

Quando o briefing não recomenda o uso de materiais a situação é mais difícil de acontecer e administrar, pois embora permita explorar de forma mais criativa o processo de geração de alternativas de solução para o produto, exige muita dedicação da equipe envolvida no projeto e o auxílio de consultores, especialistas e fornecedores com vistas ao máximo atendimento dos requisitos exigidos para produto em todo o seu ciclo de vida o que envolve sua transformação, seu funcionamento, sua comercialização, seu uso (manipulação e manutenção) e finalmente o seu desuso. Mesmo assim, sempre existirá uma forte tendência de limitar-se pelo menos a família de materiais, o que já ajuda muito. Aqui também é salutar aprender com os produtos similares!

Em ambas situações sempre existirá a necessidade de atender aos requisitos do projeto tirando o máximo de proveito das propriedades sejam elas "positivas" ou não do material sem comprometer sua integridade em relação àquelas em que ele seja deficiente. Como exemplo podemos citar alguns aspectos que poderão nortear o estabelecimento de requisitos para o projeto de um produto e, por conseguinte, a seleção de materiais mais apropriados para sua especificação. Os aspectos podem ser distribuídos em 5 (cinco) grandes grupos a saber: funcionamento, uso, fabricação/comercialização, ecologia, normas e legislações.

▎FUNCIONAMENTO

São todos os aspectos referentes ao funcionamento do produto propriamente dito e suas partes – neste enfoque a verificação das propriedades é vital para o projeto:
- Exposição a produtos químicos
- Exposição ao tempo

- Contato com outros componentes/materiais
- Poeira e outras partículas em suspensão
- Vibrações
- Movimentos – rotação, deslizamento etc.
- Temperatura de trabalho
- Impactos – vandalismo

▪ USO

São aqueles aspectos referentes ao contato/relação do produto com o usuário que envolve a ergonomia e estética-simbolismo:

ERGONOMIA
- Peso (deslocamento, movimentação)
- Transparência
- Conformação, consistência e acabamento superficial
- Isolamento – térmico, acústico, radioativo etc.
- Desprendimento de partículas
- Manutenção/substituição

ESTÉTICA-SIMBOLISMO
- Aparência
- Aplicação de texturas/ acabamento superficial
- Envelhecimento
- Desgaste
- Aplicação de cor
- Valor socioeconômico

▪ FABRICAÇÃO/COMERCIALIZAÇÃO

Aspectos deste campo são cruciais para escolha de um ou mais materiais para o projeto de um produto:
- Estocagem
- Possibilidades de transformação

- Tratamento prévio – secagem, aquecimento, resfriamento etc.
- Facilidade de acabamento
- Tratamentos posteriores
- Precisão dimensional
- Montagem – tipos de união
- Embalagem
- Transporte
- Exposição e comercialização
- Tempo de vida do produto
- Formatos comerciais

■ ECOLÓGICAS

São todos os aspectos pertinentes a relação do produto com o meio ambiente em todo seu ciclo de vida desde a obtenção da matéria-prima a sua transformação, passando pelo uso até seu descarte:

- Matéria-prima natural – é proveniente de reservas renováveis ou não.
- Forma de extração das matérias-primas – existe depredação ou não do meio ambiente.
- Transformação da matéria-prima gera despejo de resíduos no meio ambiente (atmosfera, mar, terra, etc.).
- O produto/componente permite ou não reaproveitamento.
- Os materiais empregados podem ser reciclados (reintrodução dos resíduos dentro de um processo produtivo para geração de novos produtos).

■ NORMAS E LEGISLAÇÕES

Norma é "aquilo que se estabelece como base ou medida para realização ou avaliação de alguma coisa" (FERREIRA, 1997) – normas e leis podem restringir totalmente a utilização de materiais:

- Existem normas ou não para o produto.
- Existem legislações pertinentes ao produto ou atividade por ele desempenhada.

Devemos sempre lembrar que não existe material ruim mas sim material mal empregado!

MATERIAIS COMPOSTOS

Um material composto, ou simplesmente compósito, é o resultado da união de dois (ou mais) materiais distintos que, por conseqüência, resulta no somatório das diferentes propriedades, o que lhe confere desempenho superior ao que estes materiais, separadamente, não conseguiriam atingir.

Muitos são os requisitos, ou mesmo restrições, impostos para escolhermos de forma segura um material para o projeto de um produto. Conforme poderá ser visto adiante, diversos são os fatores que influenciam esta escolha. Contudo, se nos atermos apenas à relação desempenho requerido X propriedades, veremos que existem situações de uso tão adversas que seria muito difícil encontrarmos um material comum, que sozinho pudesse atender de forma plena todas as especificações.

No sentido de melhorar o desempenho dos materiais temos, por exemplo, no universo dos metais, as ligas metálicas; no campo dos polímeros, as blendas bem como os aditivos entre outros. Contudo, um grupo de materiais merece destaque pelo desempenho notável a que podem atingir: os compostos.

Na união destes materiais, "um dos componentes é descontínuo que dá a principal resistência ao esforço (componente estrutural); o outro é contínuo, é o meio de transferência desse esforço (componente matricial)" (MANO, 1991). O elemento descontínuo a que se refere Mano apresenta-se normalmente na forma de fibras (mas que pode estar na forma de partículas ou laminar), que podemos chamar de reforço, e o contínuo por um material que envolva (encapsule) estas "fibras" que pode ser representado por um termoplástico ou um termofixo, por exemplo, que caracteriza uma matriz polimérica.

O concreto armado, por exemplo, é um material composto pela união dos vergalhões com o concreto.

Em virtude das possibilidades de combinação de materiais de diferentes famílias, os materiais compostos apresentados neste livro estarão relacionados àquela que melhor se adeqüe a sua natureza. Como é o caso do aglomerado e do MDF que serão tratados dentro do assunto madeira, da Resina Poliéster Reforçada com fibra de vidro poderá ser visto na parte dos polímeros sintéticos e dos materiais cerâmicos.

Alguns exemplos de possíveis combinações de materiais para formação de materiais compostos serão ilustrados no gráfico a seguir.

Exemplos de Materiais Compostos

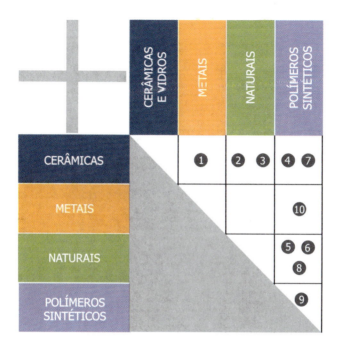

Exemplos de tipos de materiais compostos

1. Vidro + tela metalica
2. Ceramica vermelha + fibras
3. Ceramica vermelha/ cimento + madeira
4. Resina Poliéster/Epoxi + fibra de vidro
5. Resina Poliéster + fibra de coco
6. Resina Poliéster + areia
7. Poliamida + fibra de vidro
8. Vinil + Algodão
9. Resina Epóxi + Kevlar
10. Borracha SBR + Malha de ferro

É oportuno salientar que estes materiais são de grande representatividade no cenário industrial atual principalmente como materiais de alto desempenho para aplicações no setor aeroespacial, náutico, esportes para aplicações, por exemplo, para fabricação de componetes de aviões, barcos, equipamentos como esquis, capacetes, roupas etc., sempre conciliando a redução de peso e melhoria no desempenho mecânico geral.

Alguns materiais compostos, além dos diferentes materiais (ou diferentes substratos) são constituídos de arranjos estruturais singulares que visam aplicações, por vezes, muito específicas. Neste grupo temos o PVC reforçado com tecido, muito utilizado como revestimento de estofados nas áreas de móveis e carroceria. Temos também, os laminados estruturais alveolares que podem ser de alumínio ou papelão conforme ilustração a seguir.

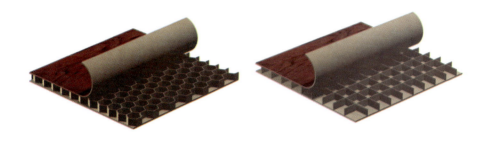

Estes materiais são empregados quando leveza, estrutura e estética e economia de material são requeridos. Como exemplo podemos citar as portas, divisórias, pisos, móveis entre ouros. A configuração da matriz do miolo pode ser quadrada hexagonal, sinuosa etc.

Outro exemplo é o painel formado com duas chapas finas de alumínio unidas por um miolo em termoplástico polietileno. Empregado de modo significativo na construção civil como revestimento de fachadas propiciando além do acabamento uma camada de proteção da construção contra a ação das intempéries.

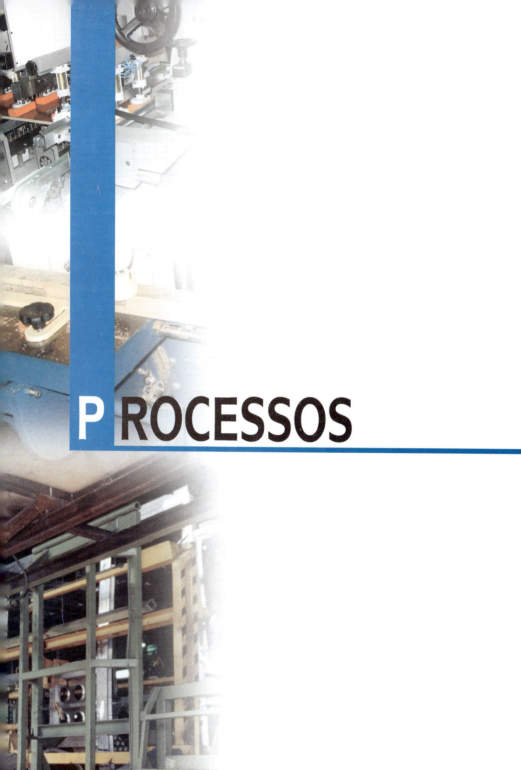

PROCESSOS

CAPÍTULO II

PROCESSOS

Processos de fabricação e transformação
- Conformação
- Melhoria
- Separação
- União
- Volume de produção
- Níveis de variedade

Moldes, modelos e outros
- Modelos
- Moldes, matrizes, fôrmas etc.
- Gabaritos

PROCESSOS DE FABRICAÇÃO E TRANSFORMAÇÃO

A fabricação de um produto envolve atividades diversificadas, simultâneas ou não, com diferentes níveis de complexidade e dificuldade de realização – estudos neste campo são tratados pela Engenharia Industrial e pela Engenharia de Produção com disciplinas que envolvem tempos e movimentos, balanceamento de linha, logística entre outras.

Não é por acaso que antes de ser aprovado, o projeto de um produto passa, no mínimo, pela análise de profissionais responsáveis pela área de produção e suprimentos. Sendo bastante recomendável, quando possível, que o projeto seja feito simultaneamente com o projeto do processo (SLACK at alli, 1997).

Em termos gerais podemos considerar que existem quatro grandes grupos ou famílias de processos que combinados de forma coerente propiciam a transformação do material em um produto ou componente, são eles: conformação, melhoria, separação e união, conforme ilustrado no quadro a seguir.

A ordenação apresentada segue apenas o caráter alfabético de forma a impedir que tenhamos a noção errada da seqüência com que estes processos devam acontecer (a seqüência pode variar de produto para produto) ou mesmo da importância de um em detrimento de outros, muito embora neste trabalho a atenção esteja concentrada nos processos de conformação.

CONFORMAÇÃO

A conformação é a categoria que envolve todos os processos na qual a matéria-prima no estado líquido, plástico ou sólido, com ou sem a presença de calor, é submetida a algum tipo de esforço ou ação que venha a alterar sua geometria inicial em outra diferente.

Os processos de conformação envolvidos para cada estado do material encontram-se listados no quadro a seguir de forma substancialmente resumida.

Processos de conformação

ESTADO LÍQUIDO	
Metais	Fundição
Cerâmicas/Vidros	Colagem/Fundição, Laminação e Repuxo
Polímeros	Injeção, Rotomoldagem, Calandragem, Extrusão, Transferência e Pultrusão

ESTADO PLÁSTICO	
Metais	Forjamento, Extrusão e Calandragem
Cerâmicas/Vidros	Extrusão, Prensagem, Sopro e Prensagem
Polímeros	Vacuumforming

ESTADO SÓLIDO	
Metais	Calandragem, Conformação, Forja, Repuxo, Trefilação e Sinterização (Pó)
Cerâmicas/Vidros	Compressão (Pó)
Madeira	Prensagem
Polímeros	Compressão

■ MELHORIA

Os processos de melhoria, também chamados de acabamento, buscam o aprimoramento do aspecto final visual e/ou tátil de uma peça, conjunto ou do produto pronto. A melhoria, além do acabamento, pode servir como proteção do material de base como acontece quando empregamos vernizes sobre a madeira, a anodização sobre o alumínio e a pintura sobre o aço e o ferro.

Muito embora os processos de melhoria sejam sempre associados ao final da fabricação de componente ou um produto, isso nem sempre acontece. Podemos tê-lo antes que ocorra, por exemplo, a montagem das partes de um conjunto como acontece com os móveis e produtos metalúrgicos como estruturas. Um resumo dos processos de melhoria mais conhecidos estão relacionados abaixo.

Processos de melhoria

PINTURA/REVESTIMENTO	
Metais	Pintura Tinta Líquida, Pintura em Pó, Filme e Esmaltação
Cerâmicas/Vidros	Vitrificação e Pintura Tinta Líquida
Madeira	Pintura Tinta Líquida e Verniz
Polímeros	Hot Stamping, Flexografia, Offset, Silk Screen, Pintura, Metalização a Vácuo
ABRASIVO	
Metais	Jateamento de Areia, Perfuração, Polimento e Escovamento
Cerâmicas/Vidros	Polimento e Esmerilhamento
MOLDADO	
Metais	Texturização e Gravação
Polímeros	Texturização e Gravação

▌SEPARAÇÃO

Classe de processos que envolve, de alguma maneira, a subtração de parte da matéria-prima que esteja sendo trabalhada. Esta subtração pode acontecer com a matéria-prima aquecida ou não, sob a ação de guilhotinas/corte, sob ação de ferramentas com elevada rotação ou mesmo pela ação de calor, conforme podemos observar no quadro abaixo no qual estão relacionados aqueles mais empregados pela indústria.

Processos de separação

CORTE DE LAMINADOS	
Metais	Estamparia de Corte, Guilhotina e Serra
Cerâmicas/Vidros	Corte Diamante
Madeira	Serraria
Polímeros	Serraria e Guilhotina
USINAGEM	
Metais	Fresagem, Furação, Rosca (Abert.), Química, Eletroerosão, Torneamento e Hidrocorte
Cerâmicas/Vidros	Rebarbamento e Furação
Madeira	Fresagem, Furação, Tupia e Torneamento
CHAMA/CALOR	
Metais	Oxiaceltileno, Plasma e Corte a Laser
Polímeros	Resistência e Corte a Laser
Cerâmicas/Vidros	Corte Chama e Corte a Laser

■ UNIÃO

Classe de processos que, como o próprio nome indica, implica em juntar, fixar, duas ou mais partes para obtenção de componentes, conjuntos ou do próprio produto final. Ao contrário do que muitos pensam, os processos de união podem ser bastante complexos se levarmos em consideração a presença de diferentes materiais, a necessidade de desmontagem, a segurança do produto durante o uso, a própria montagem entre outras tão ou mais importantes. Uma união pode ser de natureza: térmica – soldagem; adesiva – colas e adesivos, ou mecânica – parafusos e rebites conforme relacionado abaixo.

Processos de união

TÉRMICA	
Metais	Solda (Gás/Arco/...)
Cerâmicas/Vidros	Solda
Polímeros	Resistência e Solda
ADESÃO	
Metais	Colas e Adesivos (Fitas)
Cerâmicas/Vidros	Colas
Madeira	Colas e Adesivos (Fitas)
Polímeros	Colas e Adesivos (Fitas)
MECÂNICA	
Metais	Parafusos, Rebites, Cavilhas, Pinos e Estamparia
Cerâmicas/Vidros	Parafusos e Cavilhas
Madeira	Parafusos, Rebites e Cavilhas
Polímeros	Parafusos, Rebites e Pinos

Conforme poderemos observar na descrição da maioria dos processos relacionados neste livro, fazemos alusão ao que seria "uma noção de volume de produção". Este complexo assunto envolve, além dos fatores do âmbito da produção, aspectos relativos ao marketing e a comercialização de produtos e componentes, o que compreendemos estar fora do objetivo específico ora abordado bem como de merecer um tratamento especial em virtude de sua importância econômica.

Podemos, no entanto, relevar alguns aspectos básicos e importantes procurando relacionar produtos e processos de fabricação para o trabalho do designer. A principal diz respeito a noção de *volume de produção* e da *variedade* possível a um dado produto conforme SLACK et alli (1997).

▪ VOLUME DE PRODUÇÃO

ALTO – indica que existe uniformidade no que está sendo produzido, implicando na elevada repetitividade nas operações, uso de máquinas e equipamentos especiais, além de forte sistematização das atividades com participação reduzida de mão-de-obra de forma a garantir a uniformidade entre as unidades. Neste caso, o custo unitário por produto tende a ser significativamente baixo pois o volume de unidades produzido é muito alto como ocorre na fabricação de aparelhos de som, televisores, produtos eletrônicos e a maioria dos utensílios domésticos. Como exemplo de processos de transformação com altos volumes de produção podemos citar a injeção (termoplásticos), a extrusão (termoplásticos, metais, cerâmicas etc.) e a estamparia de deformação (metais).

BAIXO – indica pouca uniformidade, o que reflete em poucas repetições nas operações tornando a sistematização das atividades bem reduzida e o envolvimento dos funcionários bem maior, apresentando um custo unitário alto. Neste caso, podemos incluir produtos como os trens, navios, ônibus, sanitários públicos, entre outros produtos. Os processos de vacuumforming (termoplásticos), laminação (termofixos + fibras) e a fundição em areia (metais) caracterizam processos de baixo volume de produção.

Alta Repetitividade Especialização Sistematização Capital Intenso Custo Unitário Baixo	**VOLUME**	Baixa Repetitividade Maior participação dos funcionários Menor Sistematização Custo Unitário Alto
ALTO		BAIXO

■ NÍVEIS DE VARIEDADE

ALTA – envolve os produtos que, por razões funcionais práticas ou estético-simbólicas, são oferecidos no mercado com diferentes configurações. Quanto maior for a variedade oferecida mais flexíveis e complexos deverão ser os processos de produção da empresa gerando produtos com custo unitário alto, embora por razões óbvias, maior seja o atendimento das necessidades de clientes e/ou usuários. Um exemplo de variedade muito alta seria a fabricação de roupas sob encomenda, lanchas, carrocerias de ônibus e caminhões. Já com um nível de variedade um pouco menor, estariam os móveis modulados e os automóveis. Aqui, incluiríamos a rotomoldagem (termoplásticos), o vacuumforming (termoplásticos), a laminação (termofixos + fibras), a fundição em areia (metais).

BAIXA – Por outro lado, quanto menor for a variedade mais bem definidos e simples serão os processos envolvidos pois o produto tenderá a ser padronizado gerando um custo unitário baixo como as capas de CDs, lapiseiras e canetas, chaves de fenda e outras ferramentas manuais etc. Como processos de tansformação com baixa variedade de produção podemos apontar a injeção (termoplásticos) e a extrusão de (termoplásticos, metais, cerâmicas etc.) e a estamparia de deformação (metais).

Flexível		Bem Definida
Complexo		Rotinizada
Atende as Necessidades	**VARIEDADE**	Padronizada
dos Consumidores		Regular
Custo Unitário Alto		Custo Unitário Baixo

ALTA   BAIXA

As noções de volume e variedade no processo podem apresentar diferenças de indústria para indústria principalmente se levarmos em consideração que diversos outros fatores, além da demanda, possam vir a influenciar a fabricação do produto como: forma e tamanho, ciclo de vida, vida útil estimada, normas e legislações pertinentes, nível de acabamento exigido, tipo e formato da matéria-prima, transporte etc.

É comum que as empresas no briefing do projeto determinem ao designer o(s) tipo(s) de processo(s), se isso não ocorrer será necessário levantar como os concorrentes confeccionam seus produtos para então saber como se caracteriza o processo em questão identificando suas características básicas, o tipo e a forma da matéria-prima, o volume de produção possível/ tempo, limitações do produto quanto a sua geometria, tamanho e peso, em que peças e produtos diferentes o processo é utilizado e quais são e onde estão localizadas as empresas (fabricantes) que dominam o processo.

MOLDES, MODELOS E OUTROS

Em virtude das constantes confusões que ocorrem no emprego de nomenclatura e da importância do assunto tanto para o projeto do designer como para a produção de bens pela indústria, decidimos discorrer de forma breve algumas considerações referentes a modelos, moldes e correlatos.

■ MODELOS

No decorrer do projeto de um produto, mais especificamente a partir da etapa de geração de conceitos, necessitamos com certa freqüência avaliar as soluções propostas. Estas avaliações podem compreender aspectos de uso sejam eles ergonômicos – como o dimensionamento de uma peça; ou estético-simbólicos – como as proporções das partes, aplicação de cor; aspectos de funcionamento, como a avaliação de um encaixe ou a posição de um trinco ou de uma dobradiça; aspectos relativos à fabricação etc. Para tal, a construção de modelos torna-se fundamental no sentido de minimizar a possibilidade de erros na configuração do produto e, conseqüentemente, prejuízos na fabricação de moldes e ferramentas.

Tendo em vista as diferentes possibilidades de aplicação, os modelos podem ser categorizados quanto à execução e quanto à utilização (BACKX, 1994). O autor considerou aqui a execução pelo ponto de vista do material, sendo relevante acrescentar que se observamos a execução pela forma de construção poderíamos dizer que os modelos são

	Quanto à execução
PROTÓTIPO	Modelo em escala natural (1:1), com material igual ou semelhante ao especificado no projeto
MOCK-UP	Modelo em escala natural (1:1), com material diferente ao especificado no projeto
MAQUETE	Modelo em escala reduzida, com qualquer material
MODELO AMPLIADO	Modelo em escala ampliada, com qualquer material

confeccionados manualmente (com auxílio de ferramental apropriado) ou de forma automatizada a partir de informações de modelos tridimensionais em arquivos CAD, com o emprego, por exemplo, de centros de usinagem – retirando material ou por algum sistema de "prototipagem rápida" como os equipamentos de FDM (Fused Deposition Modeling), LS (Laser Sintering), SLA (estereolitografia) entre outros – que trabalham acrescentando ou polimerizando o material em estado plástico.

Quanto à utilização	
TESTE	Modelo direcionado à avaliação de comportamento do produto ou componente a esforços estáticos ou dinâmicos
FUNCIONAL	Modelo direcionado à avaliação de aspectos funcionais de sistemas ou subsistemas
ERGONÔMICO	Modelo direcionado à avaliação de fatores ergonômicos
VOLUME OU ESTÉTICO	Modelo direcionado à avaliação de aspectos morfológicos e/ou semânticos
PRODUÇÃO	Modelo direcionado à avaliação de processos de fabricação e/ou produção
APRESENTAÇÃO	Modelo direcionado à apresentação pública
PROMOCIONAL	Modelo direcionado à apreciação do cliente (comprador) quanto a indicação dos atributos do produto final
ARRANJO	Modelo direcionado à avaliação do layout (fábricas, mobiliário etc.)
ELETRÔNICO	Modelo em imagem digitalizada para avaliação

fotos: Anderson Santos

Maquete para
Apresentação
Cadeira de praia
Anderson Santos
12/2003

Modelo Eletrônico para Avaliação
Marco Antonio

Mock-up para Apresentação
Kit Refeição
Cristina Fernandes 07/2002

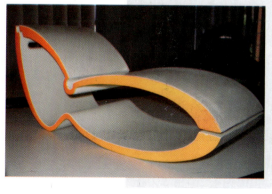

Maquete para Apresentação
Chaise Long Gaivota
Larissa Vargas e Pedro Braga 2005.1

Esta classificação vê os modelos como auxílio ao desenvolvimento do projeto, contudo, vale ressaltar que os modelos também podem ser utilizados no processo de fabricação de peças como ocorre na maioria dos processos de fundição dentro dos quais os modelos desempenham papel vital para obtenção das matrizes (conforme poderá ser visto na descrição dos processos de fundição).

▪ MOLDES, MATRIZES, FÔRMAS ETC.

A necessidade de reprodução de uma determinada peça em unidades idênticas implica na utilização de dispositivos que garantam a repetição o mais homogênea possível: o molde.

Segundo Ferreira (1997), molde tem o mesmo significado de matriz e fôrma: "modelo oco onde se põe metal derretido, material em estado plástico, vidro ou qualquer líquido que, solidificando-se, tomará a forma desejada".

Molde para produção de alça de panela

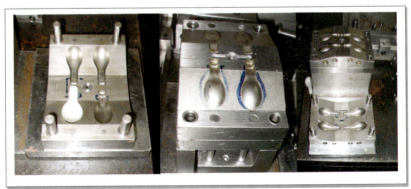

Molde para produção de conchas e de colheres em plástico

Contudo, o uso de um termo em detrimento dos outros poderá ocorrer com freqüência em função, por exemplo, do processo em questão ou da região geográfica correspondente.

A confecção de um molde dependerá de diversos fatores como: tipo e estado da matéria-prima, processo de transformação, nível de acabamento, precisão, número de cópias estimado e ciclo de vida do produto. Observando o de volume de produção, poderemos ter as seguintes situações para um molde: para produçao piloto, para pequenas tiragens, para médias tiragens ou para grandes tiragens.

Em geral, o volume de produção pretendido é fundamental para definição de um molde. Os moldes confeccionados em materiais metálicos, por exemplo, destacam-se pela elevada durabilidade sendo excelentes para altas e altíssimas escalas de produção, além disso, se bem trabalhados, podem conferir à peça produzida elevada precisão e acabamento, em contrapartida são mais caros do que aqueles feito com outros materiais.

Já os moldes provisórios direcionados à produção piloto para teste ou mesmo para pequenas quantidades são confeccionados com materiais mais fáceis e rápidos de serem trabalhados e, por isso, mais baratos, geralmente termofixos (resina poliéster, epóxi, poliuretano ou combinados de resina com madeira, por exemplo). Estes tipos de moldes podem suportar a fabricação de algumas dezenas de peças (centenas em alguns casos) devendo, ao fim, serem descartados em função do inevitável desgaste.

Molde macho e peça moldada no mesmo – vacuumforming

■ GABARITOS

Um gabarito pode ser considerado um modelo (geralmente em fôrma estrutural vazada) em qualquer material que guarda as dimensões, em verdadeira grandeza, do formato positivo ou negativo de uma peça (ou conjunto de peças que se interliguem) podendo ser empregado para modelamento, conferência de dimensional e/ou montagem de componentes.

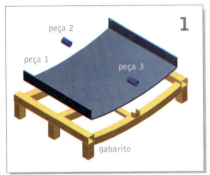
Peças para serem posicionadas no gabarito

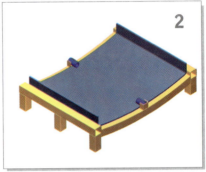
Peças posicionadas

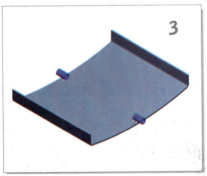
Conjunto pronto

Exemplo de gabarito para montagem de estruturas de carroceria de ônibus

METAIS
MATERIAIS E PROCESSOS

CAPÍTULO III

METAIS

Introdução

Metais ferrosos
- Ferro fundido
- Aço
- Tratamento térmico
- Produtos siderúrgicos

Metais não-ferrosos
- Alumínio
- Bronze
- Cobre
- Cromo
- Latão
- Zamak (Zamac)
- Ouro
- Prata
- Titânio

Processos para obtenção de peças em metal
- Estamparia de corte
- Conformação mecânica
- Sinterização
- Fundição
- Extrusão

INTRODUÇÃO

A utilização de metais pelo homem teve início no período compreendido entre 5000 e 4000 a.C. Com destaque para o ouro e o cobre que podiam ser encontrados em quantidade relativamente abundante e, além da facilidade de extração, eram fáceis de transformar. Vale ressaltar que o cobre por suas propriedades estruturais como a ductilidade e a maleabilidade foi mais explorado, pois estas características ampliavam as possibilidades de aplicação que iam desde um simples adorno ou utensílio comum até a fabricação de armas e ferramentas.

Este período culminou com a produção/obtenção do bronze (liga de cobre e estanho) cerca de 3000 a.C. o que representou um avanço significativo na época tanto pela obtenção da liga em si quanto pela melhoria das propriedades do cobre puro unindo-se a notável evolução dos processos de fundição e metalurgia. Este período conhecido como Idade do Bronze encerrou-se com o crescimento do Império Romano a partir do qual inicia-se a era do ferro.

O ferro foi, na verdade, utilizado de forma embrionária por diversos povos. Podemos dizer que em torno de 1500 a. C. ele que já era conhecido pelos hititas, egípcios e chineses e que, nesta época, começou a ser explorado de forma regular com destaque para região conhecida por Oriente Próximo, seu consumo desde então foi crescente.

O ferro foi sem dúvida uma matéria-prima fundamental para a humanidade, contudo, a busca para melhorar seu desempenho sempre existiu. Como mostras deste esforço podemos citar as têmperas aplicadas por gregos e romanos, a forja catalã, entre outros, que buscavam além do endurecimento o aumento de resistência geral do material. A evolução destas técnicas vieram a resultar na obtenção do aço resultante da combinação do ferro com pequeno percentual de carbono, que apresenta propriedades superiores às do ferro, principalmente dureza e resistência à corrosão.

Este desempenho logo fez com que o aço tivesse uma supervalorização no início de sua produção que era ainda muito incipiente. Assim sendo, o ferro continuou a ser a melhor opção sob os aspectos técnicos e econômicos tendo atingido um consumo bastante significativo com o advento da Revolução Industrial.

Com o passar do tempo a obtenção do aço foi se tornando mais econômica e acessível impulsionado pelos estudos de Henry Bessener que em 1856 descobriu o procedimento mais produtivo para transformar o ferro fundido em aço. O surgimento do aço e sua produção em escalas apreciáveis propiciou, no século XIX, avanços em soluções de projetos no campo da Arquitetura e Engenharia bem como na produção de bens de capital.

Outro metal que merece destaque no que concerne à versatilidade de aplicação e de volume consumido é o alumínio. Tão significativo quanto o ferro e o aço para a indústria, o alumínio teve sua existência comprovada em 1808 por Humphrey Davy e, muito embora sua produção tenha sido iniciada em 1886, só em 1910 atingiu níveis quantitativos apropriados à sua demanda (HESKETT, 1997, p.159).

Atualmente, no universo dos metais, podemos destacar, por exemplo, o níquel, o magnésio, o titânio e o zircônio que têm sido explorados "ligados" dos metais tradicionais com vistas à constante redução de peso, aumento da resistência à corrosão, aumento da resistência ao calor, entre outras propriedades.

Um metal pode ser definido como um elemento químico que existe como cristal ou agregado de cristais – estrutura cristalina – no estado sólido. O ferro e o cromo, por exemplo, são constituídos por um reticulado cristalino do tipo cúbico de corpo centrado no qual em cada um de seus oito vértices e no seu centro geométrico existe um átomo. Assim sendo, a formação de um reticulado cristalino deste tipo corresponde a uma seqüência de cubos empilhados lado a lado, dentro do qual, cada molécula situada no vértice de um cubo é compartilhada com os sete outros cubos do arranjo. Outros arranjos cristalinos existentes são o cúbico de face centrada (alumínio e cobre) e o hexagonal compacto (prata).

Os "materiais cristalinos metálicos reagem de maneira elástica a aplicação de forças ou cargas, ou seja, se deformam em proporção à força aplicada sobre eles, e uma vez

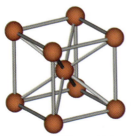

Estrutura cúbica centrada

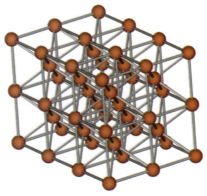

Reticulado cristalino cúbico centrado

removida a força que os deformou, voltam à forma original. Quando a intensidade da força excede determinado valor, o limite elástico, o material flui e se deforma permanentemente" (GUEDES e FILKAUSKAS, 1997).

Os metais puros são compostos por átomos do mesmo tipo. No entanto, considerando a obtenção de produtos industriais, os metais são encontrados na forma de ligas sendo, neste caso, compostos por dois ou mais elementos químicos dos quais pelo menos um é metal.

Em termos genéricos, os metais são dotados de elevada dureza, grande resistência à tração, à compressão, elevada plasticidade/ductilidade sendo também bons condutores elétricos e térmicos.

Neste trabalho foi empregada a divisão destes materiais em dois grupos: metais ferrrosos e metais não ferrosos. Considerando como ferroso todo aquele que, em sua composição, ocorra a predominância do elemento ferro.

METAIS FERROSOS

O ferro que constitui a base de todos os materiais conhecidos como metálicos ferrosos pode ser obtido, em quantidades comercialmente aceitáveis, a partir dos seguintes minérios: a hematita, a limonita, a magnetita ou a siderita. No Brasil, a obtenção de aço e de ferro fundido dá-se por meio do uso da hematita.

A quantidade de ferro na hematita (como nos demais minérios citados) gira em torno de 45 a 70%, ficando a quantidade de matéria restante composta basicamente pelo oxigênio e pela sílica (a hematita é um óxido férrico Fe_2O_3).

Para transformar a hematita em matéria-prima apropriada ao uso industrial é necessário submetê-la ao processo siderúrgico que em suma permite a obtenção de ligas de ferro e carbono. O porcentual de carbono na liga é determinante para a produção de um metal ferroso. No aço o teor máximo de caborno gira em torno de 2% a partir deste valor o material pode ser considerado um ferro fundido.

O processo siderúrgico começa com a preparação do minério de ferro (que é transformado em pelotas) e com a destilação do carvão para otenção do coque (realizada em fornos herméticos).

O coque, o minério de ferro em pelotas e os fundentes (calcário/dolomita) são colocados em quantidades determinadas dentro de um alto-forno (estruturas de aço cilíndrica revestidas com material refratário com altura elevada, por isso, o nome).

O minério de ferro - hematita - é constituído basicamente por óxido de ferro Fe_2O_3 e pequenas quantidades de impurezas como a sílica por exemplo.

O calcário e a dolomita são fundentes que ajudam a remover as impurezas do minério.

O coque (carvão destilado) é responsável pela combustão e a redução do minério.

Com a queima do coque associada a elevada temperatura (entre 1500 e 1700° C) presente no interior do alto-forno, as impurezas do minério desprende-se combnando-se com o calcário, resultando em um material chamado escória. Já o oxigênio associa-se ao gás carbônico oriundo da queima do coque. O minério em fusão se deposita no fundo do alto-forno ficando a escória na sua superfície separada por diferença de densidade. A escória, que é destinada a produção de cimento, protege o ferro fundido da ação do oxigênio presente no ambiente.

Esta fase conhecida por redução, corresponde à primeira fusão do minério de ferro, resultando no produto chamado de ferro gusa, que é levado para a aciaria, ainda em fusão dentro de um carro torpedo.

Na aciaria o gusa é despejado em um forno conversor a oxigênio. Dentro deste conversor é colocada, previamente, uma grande quantidade sucata de ferro e de aço que, além do reciclo, tem a função de impedir que a temperatura alcance valores muito elevados — que é inerente ao processo — oriundos da queima de oxigênio. Esta fase conhecida como refino pode também ser realizada por meio de fornos elétricos. O aço liquído é colocado em caçambas aonde são adicionadas as ligas desejadas para então ser despejados nas lingotadeiras.

Finalmente, o aço, ainda em processo de solidificação, é deformado mecanicamente, pelo lingotamento contínuo, para a obtenção de produtos semi-acabados — barras brutas e placas sólidas. Estes produtos são destinadas aos processos de laminação de barras chatas, vigas, chapas grossas (laminação a quente) e chapas finas (laminação a frio).

▎FERRO FUNDIDO

O ferro fundido é, em geral, destinado aos processos de fundição (predominante) ou forjamento e, a exemplo do aço, pode ser ligado a outros elementos metálicos ou não metálicos, com o intuito de melhorar suas propriedades e possibilitar sua utilização em aplicações específicas. Assim sendo, quando desejado, os lingotes de ferro fundido não ligado, obtidos no processo siderúrgico, são submetidos a um processo de fundição juntamente com os seguintes elementos: carbono, silício, enxofre, manganês e fósforo em proporções adequadas ao desempenho esperado do material. No entanto, para todos os tipos de ferro fundido (ligados ou não) o carbono estará sempre presente com uma proporção superior a de 2% em relação ao volume total.

A maioria dos ferros fundidos são comercializados fundidos (daí seu nome) ou forjados podendo também ser encontrados na forma de pó.

A seguir, uma relação resumida de algumas ligas de ferros existentes, com suas características marcantes e aplicações típicas.

FERRO FUNDIDO BRANCO

Teor de carbono entre 1,8 e 3,6% (+ silício 0,5 - 1,9%, enxofre 0,06 - 0,2%, manganês 0,25 - 0%, fósforo 0,06 - 0,2%).

Características: devido a elevada dureza, o ferro fundido branco é muito frágil, difícil de usinar e não temperável.

Propriedades genéricas: baixa ductilidade, resistência à corrosão, excelente resistência à abrasão, baixa absorção de vibrações, baixa resistência à tração, ao impacto e compressão.

Aplicações: placas de revestimentos, anéis para moagem, fabricação de tijolos etc.

Processos: fundição em geral, jateamento, pintura, decapagem, polimento a soldagem não é adequada. Dependendo do tipo, pode permitir tratamento térmico por normalização e revenimento.

FERRO FUNDIDO CINZENTO

Teor de carbono entre 2,5 a 40% (outros elementos – silício 1% – 3%, enxofre 0,02 – 0,25%, manganês 0,2 – 1%, fósforo 0,002 – 1% e em proporções específicas para o tipo de aplicação).

Características: aplicações que exijam solicitações mecânicas reduzidas e oscilações de temperatura.

Propriedades genéricas: baixa dureza, boa resistência à abrasão e à compressão, boa absorção de vibrações.

Aplicações: peças que exijam vibração, bloco de motor, bloco de pistões cilíndricos, base de máquinas, tambores de freio, cabeçotes etc.

Processos mais comuns: fundição em geral, jateamento, pintura, polimento, boa usinagem, soldagem inadequada.

FERRO FUNDIDO MALEÁVEL

Teor de carbono entre 2,2 a 2,9% (silício 0,9 – 1,9%, enxofre 0,002 – 0,2%, manganês 0,15 – 1,2%, fósforo 0,02 a 0,2%).

Características: produzido a partir do ferro fundido branco. Ponto de fusão mais baixo em relação aos outros ferros.

Propriedades genéricas: elevada ductilidade, elevada resistência mecânica, maleabilidade.

Aplicações: acessórios para tubulações de baixa pressão, flanges e confecções de tubos, ferragens em geral etc.

Processos mais comuns: fundição em geral, jateamento, pintura, polimento, boa usinagem, soldagem inadequada.

FERRO FUNDIDO COM GRAFITE COMPACTADO

Teor de carbono entre 2,5 a 40% (silício 1 – 3%, enxofre 0,02 – 0,25%, manganês 0,2 – 1%, fósforo 0,01 – 1% e terras raras em pequenas proporções).

Características: posiciona-se entre o ferro cinzento e o dúctil. Fundição excelente, ótimo para trabalhos que requeiram usinagem.

Propriedades genéricas: resistências com valores intermediários entre o ferro cinzento e o nodular, baixa ductilidade, boa resistência à abrasão e à compressão, boa absorção de vibrações, baixa resistência à compressão, ao impacto, à tração e elevada condutibilidade térmica.

Aplicações: carters, suporte e caixas de mancais e engrenagens, cabeçotes, blocos de motor, disco de freio etc.

Processos mais comuns: fundição em geral, jateamento, pintura, polimento, usinagem.

FERRO FUNDIDO DÚCTIL-NODULAR

Teor de carbono entre 3 a 3,4% (silício 1,8 - 2,8%, enxofre 0,06 - 0,2%, manganês 0,1 - 10% e fósforo 0,06 - 0,2%, em proporções específicas para o tipo de aplicação).

Características: ferro que mais se aproxima do aço. Elevada dureza e plasticidade.

Propriedades genéricas: boa ductilidade, resistência mecânica geral moderada, boa resistência a vibrações e altas temperaturas e elevada condutibilidade térmica.

Aplicações: cubo de rodas, mancais, polias, cabeçotes de prensas, engrenagens, peças mecânicas, luvas e virabrequins.

Processos mais comuns: fundição em geral, foliamento, jateamento, pintura, polimento, usinagem, soldagem inadequada. Dependendo do tipo, permite tratamento térmico por normalização, recozimento e revenimento.

■ AÇO

Denomina-se aço toda liga de ferro e carbono na qual o percentual de carbono por peso não ultrapasse o limite de 2% (faixa de 0,006% a 2%). O aço, o mais comum disponível no mercado, é chamado de aço carbono embora, a exemplo do ferro, existam diversas ligas (aços especiais) que conferem o aumento ou redução de algumas de suas propriedades e são destinadas a aplicações específicas.

Em geral, o aço carbono comum e os aços-ligas estão disponibilizados em diferentes formatos que estão relacionados ao final desta parte.

AÇO CARBONO

Existem três grupos básicos de aço comum classificados de acordo com teor de carbono:

BAIXO CARBONO

Compreende o grupo de aços extradoces a doces com teor de carbono até 0,30%. De acordo com a norma americana SAE, na qual baseia-se a ABNT, estão aqui incluídos os aços na faixa de 1005 a 1029. A título de exemplo, no caso de um aço SAE 1030, o teor de carbono pode variar entre 0,25 a 0,31%.

Características: tenacidade, conformabilidade, soldabilidade, baixa temperabilidade.
Aplicações: chapas, tubos, tarugos etc. para contrução civil, construção naval, estruturas mecânicas, caldeiras etc.
Densidade: 7,8g/m³
Processos mais comuns: estampagem, repuxo, dobramento, corte, usinagem, soldas, rebitagem, bem como dos processos de acabamento – jateamento, pintura, polimento.

MÉDIO CARBONO

Compreende o grupo de aços meio doces a meio duros com teor de carbono de 0,30% a 0,50%. De acordo com a norma SAE, estão aqui incluídos os aços na faixa de 1030 a 1049.
Características: conformabilidade, soldabilidade e temperabilidade médias.
Aplicações: chapas, tubos, tarugos etc. para aplicações que requeiram processabilidade com dureza e resistência à temperatura mais elevada do que o grupo anterior, produtos para contrução civil, construção naval, tubos em geral, estruturas mecânicas, caldeiras.
Densidade: 7,8g/m³
Processos mais comuns: estampagem, repuxo, dobramento, corte, usinagem, soldas, rebitagem, bem como dos processos de acabamento – jateamento, pintura, polimento.

ALTO CARBONO

Que compreende o grupo de aços duros e extraduros com teor de carbono de 0,50% a 0,70%. De acordo com a norma SAE, estão aqui incluídos os aços na faixa de 1050 em diante.
Características: péssimas conformabilidade e soldabilidade, ótimo comportamento em altas temperaturas e resistência ao desgaste.
Aplicações: chapas, perfilados, tarugos etc. produtos ferroviários (trilhos, rodas de trens etc.), implementos agrícolas, parafusos especiais etc.
Densidade: 7,8g/m³
Processos mais comuns: estampagem, dobramento, corte, usinagem difíceis, pintura, polimento, usinagem, soldagem difícil.

∎ AÇOS ESPECIAIS

Os aços especiais, ou aços-liga, são obtidos por meio da adição de outros elementos com vistas a obtenção de propriedades extras. A seguir, um resumo de alguns tipos com destaque para o aço inoxidável.

AÇO CROMO – é a combinação do aço carbono (0,15 a 0,30%) com o cromo, na proporção variando entre 2 a 4%. Em virtude de sua excelente estabilidade dimensional, a sua resistência à oxidação e à sua dureza, este tipo de aço é muito empregado para a confecção de moldes, ferramentas e instrumentos abrasivos.

AÇO BORO OU AÇO AO BORO – é a combinação do aço carbono com pequenas quantidades de boro da ordem de 0,0015%. O aço resultante desta liga apresenta bom desempenho para ser temperado e conformado mecânicamente. Além disso apresenta boa soldabilidade e fácil usinagem e excelente estabilidade após ser submetido a um esforço de estiramento sendo, por esta razão, utilizado para a fabricação de perfilados com ou sem costura.

AÇO INOXIDÁVEL – é a combinação do aço carbono (0,03 a 0,15%) com o cromo na proporção de 11 a 20% o que lhe confere uma notável resistência à oxidação. O cromo nesta quantidade propicia, em contato com o oxigênio, o surgimento de uma fina camada de óxido de cromo em todo o contorno da peça que se recompõe mesmo se for interrompida algum risco ou corte, impedindo a oxidação do ferro. O aço Inoxidável pode ser encontrado em três famílias distintas:

- Martensíticos – são aços magnéticos que atingem elevadas durezas por tratamentos térmicos, dotados de excelente resistência mecânica sendo adequados às indústrias de cutelaria, instrumentos de medição, correntes etc.
- Ferríticos – são aços magnéticos em geral conformados a frio sendo indicados para fabricação de utensílios domésticos, balcões frigoríficos, produtos que serão submetidos ao contato com acidos (inclusive ácido nítrico) etc.
- Austeníticos – são aços não magnéticos, não endurecidos por tratamento térmico normalmente conformados a frio. Esta família de aço inox apresenta boa resistência à corrosão em virtude da presença do cromo (em torno de 18%) e do níquel em sua composição em diferentes proporções:

7% de níquel

Elevada resistência mecânica, largamente utilizado por indústrias de alimentos, aeronáutica, componentes para carrocerias e trens.

Indicado para produção de peças que requeiram estampagem profunda como pias, e cubas.

8% de níquel

Elevada resistência à corrosão, conformabilidade e soldabilidade sendo, por esta razão, muito utilizado pela indústria naval, de papel, química, farmacêutica, equipamentos cirúrgicos e odontológicos. Indicado tanto para estampagem profunda como para estampagem geral.

9% de níquel

Resistência intergranular sendo adequado a todas as aplicações citadas anteriormente que não permitam tratamento térmico após a soldagem.

12% de níquel

Excelente resistência à corrosão (superior aos demais) sendo indicado para aplicações que requeiram contato com cloretos.

■ TRATAMENTO TÉRMICO

No final do processo de refino, o aço já se encontra com o teor de carbono e componentes de liga definidos, podendo-se então ser submetido as transformações mecânicas para obtenção dos chamados produtos siderúrgicos: barras, vigas, chapas grossas e finas etc. Estas transformações ocorrem inicialmente a quente (em torno de 1100°C), e para chapas finas, a frio. Em ambos os casos, busca-se a compactação e hoogeneização dos grãos com vistas a melhorar as características mecânicas do material.

Alguns tipos de aço e de ferro fundido podem (ou necessitam), ser submetidos a tratamento(s) térmico(s) com o intuito de, novamente, alterar propriedades específicas pela ação de três importantes aspectos: a temperatura, o tempo em que o material é submetido a esta temperatura e o modo de resfriamento do material. Existem dois tipos de tratamento térmico: os que modificam as propriedades do material apenas na superfície e outros que modificam o material como um todo. Neste segundo grupo podemos citar como exemplo:

- Normalização – aquecimento do aço a uma temperatura determinada e período de tempo adequado, para que o aquecimento possa ser uniforme em todo material, e resfriamento lento à temperatura ambiente. O objetivo deste tratamento térmico é refinar a granulação de aços fundidos e de aços laminados e forjados, melhorando as propriedades mecânicas e a usinabilidade.
  - Têmpera – aquecimento da peça em aço a uma temperatura superior a 800°C e por um período de tempo necessário, para que o aquecimento possa ser uniforme em todo material, e posterior resfriamento rápido (ar, água, salmoura etc). O objetivo deste tratamento térmico é aumentar a dureza, a resistência à tração, e reduzir a tenacidade e o alongamento o que torna o material mais frágil. Existem diferentes tipos de têmpera (ao ar, diferencial, dupla, em água, em óleo etc.) cada qual com características e aplicações próprias.
  - Recozimento – aquecimento da peça em aço a uma temperatura ao seu tipo, por um dado período e um lento resfriamento. O objetivo deste tratamento térmico é eliminar tensões internas de peças que sofreram algum tipo de deformação mecânica tornando o aço mais homogêneo, com melhor ductilidade. Existem diferentes tipos de recozimento (aa vácuo, azul, brilhante, em caixa, intermediário etc) cada qual com características e aplicações próprias.
  - Revenimento – é caracterizado pelo reaquecimento do aço a uma temperatura determinada, por um dado período e um resfriamento adequado (rápido ou lento). O objetivo deste tratamento térmico, que ocorre numa fase posterior a aplicação de Têmpera ou Normalização, é melhorar as propriedades mecânicas do material - de forma notável, o comportamento elástico - reduzindo sua fragilidade.

PRODUTOS SIDERÚRGICOS

Os produtos siderúrgicos podem ser encontrados no mercado em três categorias:
- **Semi-acabados:** oriundos do processo de lingotamento contínuo, como as placas, os blocos ou tarugos. Estes produtos são destinados a posterior processamento empregado pela própria siderúrgica ou pelas indústrias chamadas de relaminadoras.
- **Produtos planos:** oriundos do processo de laminação a frio ou a quente, tais como as chapas e bobinas em aço carbono ou em aço especial. Este grupo é dividido em:

chapas grossas:
espessura de 5,01 a 154,4 mm
largura de 900 a 1580 mm
comprimento de 1800 a 12500 mm
chapas finas:
espessura de 1,5 a 5 mm
largura de 900 a 1580 mm
comprimento de 1800 a 12500 mm

Tanto as chapas finas quanto as grossas são em geral fabricadas com espessura em fração de polegada (em virtude da calibragem dos laminadores seguirem em sua maioria, padrões americanos). Assim sendo, é comum que nos catálogos de chapas seja discriminado para chapas grossas a espessura em polegadas e para chapas finas uma numeração padronizada seguida da medida em milímetros e o peso em kg correspondente a uma dada dimensão. Como exemplo, poderíamos citar a chapa 20, que tem uma espessura de 0,91 mm e um peso aproximado de 14,64 kg (para uma dimensão de 2000 x1000 mm).

O emprego das chapas em aço é tão diversificado que seria praticamente impossível exemplificar com precisão todas as possibilidades. As chapas grossas, são utilizadas pela indústria naval (contrução/revestimento de casco e paredes internas de navios), plataformas de petróleo, construção civil, tanques de pressão, veículos pesados (guindastes, retroescavadeiras, gruas, tratores) etc. Já as chapas finas são destinadas a fabricação de estruturas leves, carrocerias de automóveis, caminhões, ônibus, motocicletas, geladeiras, fogões, máquinas de lavar, peças de mobiliário, placas de sinalização de trânsito, gabinetes em geral, portões, canetas, potes e "latas" para indústria de embalagens.

As chapas são adquiridas em formatos padronizados, citados anteriormente, ou pré-cortados. Em ambos os casos, o material é submetido a operações de corte, podendo depois, se desejado, ser perfurado, dobrado, conformado, soldado e pintado para obtenção do produto.

- **Produtos longos** – oriundos do processo de laminação contínuo caracterizados por apresentarem secção transversal constante ao longo de um comprimento de dimensões muito maior. Neste grupo estão inseridos diversos produtos como arames; barras chatas; barras ou tarugos sextavados, quadrados, redondos etc.; vigas "U"; vigas "I"; cantoneiras; vergalhões etc.

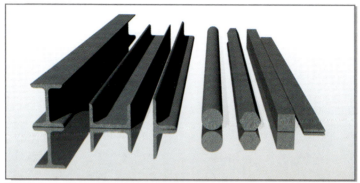

Viga "I", Viga "U", cantoneira barra chata, barra sextavada, quadrada e redonda

Todos os produtos longos podem ser considerados perfis ou perfilados, são oferecidos comercialmente com diferentes dimensões de secção que deverão ser verificadas por consultas nos catálogos disponibilizados pelos fabricantes do setor dentro dos quais deverão conter informações básicas, conforme o exemplo ilustrado abaixo.

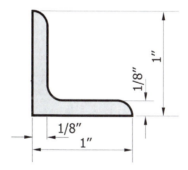

Neste caso, temos o exemplo de um cantoneira de abas iguais (1" x 1") com espessura de 1/8" que será apresentada da seguinte forma: 1/8" x 1" x 1" ou simplesmente 1/8" x 1" seguido do peso por metro que é igual a 1,2 kg.

Os produtos longos são empregados para confecção de estruturas metálicas em geral: construção civil, indústria naval, indústria de carrocerias, indústria de equipamentos pesados, mobiliário etc. Sendo adquiridos em comprimentos variando entre 3000 a 6000 mm (3 a 6 metros) e submetidos ao corte, dobradura, furação etc. para posterior fixação por solda, parafuso, rebites etc. para construção de uma estrutura.

METAIS NÃO-FERROSOS

Os metais não-ferrosos, como o próprio nome sugere, indicam o grupo de metais nos quais a presença do elemento ferro é muito pequena em sua composição. Neste grupo estão inseridos o alumínio, o cobre, o bronze, como também diversos outros metais, inclusive ligas de relevante importância industrial.

■ ALUMÍNIO

De todos os metais não-ferrosos o alumínio merece destaque pela versatilidade de aplicação e, pela flexibilidade de processamento e transformação por diversos segmentos industriais em todo mundo. No entanto, todas as vantagens deste material são de certa forma comprometidas pela complexidade do processo e pelo consumo de energia requerido para sua obtenção.

Para que seja possível chegar ao alumínio como conhecemos são necessários diversos estágios de reações químicas aos quais é submetida a bauxita que, resumidamente, consiste em moagem, mistura com soda cáustica para transformação em uma pasta que, por sua vez, é aquecida sob pressão e, novamente misturada com soda cáustica sendo dissolvida e filtrada (para eliminação total de impurezas). Por conseguinte o material resultante passa por nova reação química em precipitadores para que, finalmente, seja possível a obtenção do material básico para produção do alumínio: a alumina em forma de pó de coloração branca.

A alumina, que também é empregada em diversos segmentos como na fabricação de cerâmicas e vidros, é submetida a uma redução eletrolítica, sendo finalmente transformada em alumínio. De acordo com as propriedades desejadas este alumínio deverá ser fundido com elementos básicos como: o manganês, o magnésio, o silício, o cobre, o zinco entre outros. A liga obtida nesta fundição pode resultar em lingotes ou placas.

Além da liga, o alumínio empregado na fabricação de produtos laminados e extrudados, necessita de especificação para a têmpera.

Dissipador de calor para processadores

A liga é identificada por quatro dígitos em seqüência com o propósito de identificar o elemento de liga principal (2xxx – cobre, 3xxx – manganês, e assim por diante), grau de impurezas da liga, presença de outro elemento diferente na liga, etc. (ABAL, 1994).

As têmperas aplicadas ao alumínio são classificadas como: nao-tratável termicamente ou tratável termicamente. No primeiro caso, o material é identificado pela letra "H" seguida por dois ou mais dígitos e, no segundo a letra "T" seguida por um ou mais dígitos. A presença dos dígitos após a letra indica os tipos e a seqüência de tratamentos básicos ao que foi submetido o material recozimento, alívio de tensões, estabilização, etc. (ABAL, 1994). Em virtude da variedade e complexidade de ligas e têmperas de alumínio disponíveis no mercado é recomendável consultar os fabricantes ou fornecedores especializados quanto à opção mais adequada do material ao tipo de aplicação desejada.

As ligas de alumínio podem ser encontradas em diferentes formatos, sendo mais comuns os lingotes, os tarugos e os laminados. Os lingotes são produzidos em tamanhos variados e têm aplicação direta nos processos de fundição. Os tarugos são comuns nos processos de extrusão inversa e direta.

Características: ponto de fusão 660°C, possibilidade de obtenção de diferentes ligas (Mn, Si, Co, Zi etc.) autoproteção à corrosão – a alumina (óxido de alumínio) tende a formar na superfície do material uma película esbranquiçada que protege o material contra corrosão – a remoção constante da película implica no desgaste do material. Não produz faíscas durante o desbaste realizado em alta rotação.

Propriedades genéricas: baixa densidade, boa a elevada condutibilidade elétrica, elevada condutibilidade térmica, não magnético, baixo ponto de fusão (se comparado ao aço), boa elasticidade, média a fraca resistência à tração, alta refletividade de luz e calor. Quimicamente é atacado por álcalis.

Densidade: 2,7g/cm^3.

Aplicações gerais: peças que requeiram leveza, dissipação de calor como radiadores e aletas, refletores de luminárias, proteção magnética para componentes de computadores, estrutura de bicicletas e motocicletas, rodas especiais para automóveis, aviões (liga aeronáutica), blocos de motores, pistões, utilidades domésticas, embalagens para diversos segmentos – bebidas, perfis extrudados para construção civil, carrocerias em geral entre outros.

Processos mais comuns: dependendo do formato em que a liga de alumínio se encontra, poderá ser empregado os seguintes processos: fundição (lingote), extrusão (tarugo), estampagem de corte e deformação (chapa), trefilação (fio), calandragem e a usinagem. Os processo de união como soldas e rebitagem, bem como os processos de acabamento, como pintura e anodização podem ser aplicados a qualquer formato.

Produtos em alumínio para transformação

O alumínio pode ser encontrado em diferentes formatos para posterior transformação como os lingotes, os tarugos e as chapas.

Extrudados

São peças provenientes do processo de extrusão (que será abordado adiante) de secção uniforme e constante de extenso comprimento. Neste grupo de materiais estão inseridos os tubos, tarugos, barras, cantoneiras etc. para aplicações diversas tais como: esquadrias de janelas para construção civil, mobiliário, carrocerias de automóveis, ônibus e caminhões, bicicletas, indústria aeronáutica, etc.

Os extrudados em alumínio propiciam fácil estampagem, dobramento, corte, usinagem solda e rebitagem.

Laminados

São produtos planos, provenientes do processo de laminação que ocorre em duas etapas: a quente e a frio. Na laminação a quente, o alumínio no formato de um placa fundida (com espessura em torno de 600 mmm) é aquecido a temperatura superior a 300ºC, é submetido a passagem por pares de rolos de aço que atuam no sentido de reduzir sua secção transversal. Nesta etapa, o material pode chegar a espessuras de 10 a 3 mm.

Na laminação a frio, as chapas de alumínio obtidas na laminação a quente são submetidas a redução de sua secção a temperatura ambiente. Esta etapa objetiva a obtenção das chamadas chapas finas.

Chapas de espessura muito reduzida (na ordem de centésimos ou milésimos de milímetros) são obtidas em laminadoras específicas.

As classes mais comuns de produtos laminados em alumínio são:
- **Chapas** – são laminados com espessura superior a 0,15 mm fornecidas em peças retas (não bobinadas);

- Chapas bobinadas – são laminados com espessura superior a 0,15 mm fornecidas em bobinas;
- Folha – são laminados com espessura igual ou inferior a 0,15 mm fornecidas em peças retas (não bobinadas);
- Folha bobinada – são laminados com espessura igual ou inferior a 0,15 mm fornecidas em bobinas.

Os laminados em alumínio têm aplicação expressiva em diversos segmentos tais como: embalagens, refletores, luminárias, equipamentos de escritório, mobiliário, utensílios domésticos, trocadores de calor, revestimentos em geral, indústria aeronáutica, carrocerias de automóveis, ônibus e caminhões, bicicletas, computadores, etc.

Os laminados de alumínio permitem facilidade de trabalho em todos os processos aplicáveis: estampagem, repuxo, trefilação, dobramento, corte, usinagem soldas e rebitagem, bem como dos processos de acabamento.

▪ BRONZE

Liga de cobre e estanho e outros elementos em menor proporção (como zinco, chumbo, fósforo, níquel, ferro). Além de suas aplicações típicas na área náutica, o broze é muito explorado para componentes mecânicos que exijam movimentação sendo recomendado, para esta aplicação, adequada lubrificação dos sistemas.

Propriedades genéricas: boa a excelente propriedades mecânicas, dureza, tenacidade, resistência ao desgaste, e à fadiga superficial, resistente à corrosão.

Densidade: 8,8 g/cm^3 (podendo ser alterada com a diferença de percentual dos elementos de liga)

Aplicações: flanges, buchas, engrenagens, coroas, rotores, peças para indústria naval e outras aplicações que requeiram elevada resistência à corrosão.

Processos mais comuns: dependendo da forma pode ser submetido à fundição, extrusão, estampagem, repuxo, trefilação, dobramento, corte, usinagem, soldas e rebitagem polimento e limpeza.

▪ COBRE

Considerado por muitos como o mais antigo metal utilizado pelo homem, o cobre é, além do ouro, o único metal com cor, tendo aparência amarelo-avermelhada. Apesar de sua intensa aplicação no campo de transmissão elétrica, é empregado de forma marcante

como elemento de liga com outros metais para a formação do bronze e do latão. É encontrado no mercado na forma de chapas planas (acima de 3 mm) e bobinadas, barras redondas, quadradas e retangulares, tubos rígidos e flexíveis.

Propriedades genéricas: ponto de fusão 1084°C, excelente condutibilidade elétrica (apenas inferior à da prata), elevada condutibilidade térmica, elevada ductilidade, flexibilidade. Atacado por ácido nítrico.

Densidade: 8,9 g/cm^3

Aplicações: fios para transmisão de eletricidade, tubulações de água quente, conexões hidráulicas, contatos, como componente de liga com outros metais como o zinco (latão), estanho (bronze), e com metais nobres com vista ao aumento de suas propriedades mecânicas para fabricação de jóias, fabricação de soldas etc.

Processos mais comuns: dependendo da forma pode ser submetido à fundição, extrusão, estampagem, repuxo, trefilação, dobramento, corte, usinagem, soldas e rebitagem polimento e limpeza.

■ CROMO

Metal de cor branca levemente azulada com brilho, não é encontrado puro na natureza. Por ser extremamente quebradiço, o cromo é, empregado como elemento de liga com outros metais com vistas a conferir resistência à corrosão e como acabamento superficial de peças confeccionadas em metal ou plástico.

Propriedades genéricas: ponto de fusão 1890°C, características magnéticas, elevada dureza (superior ao aço), maleabilidade, boa condutibilidade elétrica e térmica.

Densidade: 7,19 g/cm^3

Aplicações: ligado ao ferro para a fabricação de aço inoxidável e de aço cromo, diversas outras ligas como, por exemplo, com níquel – para fabricação de resistências elétricas; cobalto e tungstênio, decoração de peças em plásticos (metalização); na forma de sais para fabricação de pigmentos para indústria textil, indústria de filmes fotográficos e indústria cerâmica.

Processos mais comuns: dependentes do metal de base ou outros elementos.

▌ESTANHO

Metal obtido do minério da cassiterita, de cor similar ao da prata, é maleável em baixas temperaturas e fácil para formar ligas com outros metais com objetivo de melhorar suas propriedades principalmente a resistência à corrosão, não sendo tóxico ao homem e ao meio ambiente.

Propriedades genéricas: baixo ponto de fusão (232°C), características magnéticas, dúctil, maleável, boa condutibilidade elétrica e térmica, elevada resistência à oxidação e à corrosão de ácidos comuns. Sendo atacado pelos ácidos sulfúrico, nítrico e clorídrico.

Densidade: 7,2 g/cm^3

Aplicações: ligado ao cobre para obtenção do bronze, ao níquel para componentes de relógios, ao chumbo – solda macia para fios e circuitos elétricos, ao cobre e a prata ou, ao cobre e o zinco - solda dura para aplicações similares, aplicado sobre chapas finas de aço para obtenção de folhas de flandres – embalagens de alimentos, na forma de cloreto de estanho como condutor de eletricidade – desembaçador de para-brisas. Também usado para fabricação de bijuterias, fusíveis e supercondutores.

Processos mais comuns: pode ser submetido aos processos de fundição, extrusão, forjamento, laminação, calandragem, dobramento, estampagem entre outros. Pode também ser lixado, jateado, polido e pintado.

▌LATÃO

Liga de cobre e zinco (na faixa entre 5 a 40%) e pequena quantidade de outros elementos como alumínio, ferro etc. Além das ligas de cobre e zinco, outros elementos podem ser adicionados ao latão com vista a melhoria de propriedades específicas como, por exemplo, o chumbo (latão chumbado), o estanho (latão estanho) entre outros. Comercialmente predomina a liga cobre+zinco em diferentes faixas como o latão alfa, com 40% de zinco; o latão beta, com 30 a 36% de zinco e o latão gama, com 45% ou mais de zinco. À medida que seja aumentada a proporção de zinco são alterados: sua aparência, de uma coloração avermelhada (típica do cobre) tendendo ao amarelado, o custo (para menos) e suas propriedades.

Propriedades genéricas: a rigor, quanto maior for a presença de zinco maior será sua flexibilidade, resistência à corrosão e dureza e, menor será o ponto de fusão, densidade, condutibilidade térmica e elétrica, baixa resistência à compressão, altas temperaturas. Em geral, os latões são fracos quando submetidos a um meio fortemente ácido.

Aplicações: peças decorativas, tubulações frias ou quentes, intercambiadores de calor, elementos de fixação, conexões de redes pressurizadas (compressores), válvulas de pequenos diâmetros etc.

Densidade: 8,1 a 8,6 kg/cm^3

Processos mais comuns: usinagem geral (ótima para o latão com presença de chumbo), fundição (ocasiona perda de zinco na liga sendo necessário a adição de inibidores como antimônio, arsênico e fósforo), estampagem, extrusão.

▌ZAMAK (ZAMAC)

Liga constituída pelo zinco (elemento de base), alumínio (entre 3,5 a 4,5%), cobre (1%) e magnésio (até 0,06%) e outros elementos em proporções mínimas. Por suas características, o Zamak é totalmente direcionado para o processo de fundição injetada permitindo a obtenção de peças de geometria complexa com elevada precisão dimensional, riqueza de detalhes e ótimo acabamento superficial. Pode ser dito que o zamak é o material metálico não-ferroso mais utilizado. O emprego do zamak para fundição elimina a necessidade de retrabalho e conferência das peças propiciando alta produtividade. Em virtude da possibilidade de alteração nos teores de cobre e magnésio na liga, este material pode ser encontrado, por exemplo, com as seguintes denominações: zamak 2 (Cu 2,6 a 2,9%, Mn 0,025 a 0,05%), zamak 3 (Cu 1%, Mn 0,025 a 0,05%), zamak 5 (Cu 0,75 a 1,25%, Mn 0,03 a 0,06%), zamak 7 (Cu 0,075 %, Mn 0,01 a 0,02%).

Propriedades genéricas: de forma geral o material é dotado de alta resistência ao choque e dutibilidade em temperatura ambiente, baixo ponto de fusão (385°C). O zinco empregado na liga é praticamente puro, conferindo ao material a manutenção da resistência mecânica e da estabilidade dimensional. O alumínio tem o objetivo de aumentar sua resistência, fluidez e dureza. O cobre é empregado principalmente para melhorar a resistência à corrosão do material.

Densidade: em torno de 6,6g/cm³ (dependendo da liga, poderá ocorrer pequena variação).
Aplicações: peças e componentes para automóveis, caminhões, motos e outros veículos (grade de radiador, maçanetas, fechaduras, carcaças e alojamentos de instrumentos e de bombas, tampas de tanque de combustível etc.), brinquedos (miniatura de veículos, aviões entre outros), componentes de equipamentos de escritório, componentes para eletrodomésticos em geral, ferragem para construção civil (fechaduras, espelhos de acabamento etc.), componentes para montagem de móveis etc.
Processos mais comuns: fundição sob pressão e por gravidade são predominantes com elevada produtividade (podendo chegar a milhares de peças por dia) em virtude da facilidade de processamento. O material pode ser submetido à eletrodeposição e à pintura.

▌OURO

foto: Irina Aragão

Metal nobre, dotado de cor amarela brilhante, comercializado na forma de lingotes, lâminas, barras, fios, pó, pasta. Grande parte do ouro obtido é destinado às reservas de lastro dos países, o restante é dirigido às demais aplicações conforme descrito a seguir. Em seu estado natural é muito mole sendo necessário a adição de outros elementos no sentido de torná-lo mais estável estruturalmente. As ligas (principalmente de cobre, prata, níquel, platina e paládio) conferem, além da estrutura, a alteração da coloração e redução do custo.

O ouro é comercializado na unidade de onças (uma onça corresponde a 30 gramas) e categorizado de acordo com o grau de pureza medido em quilates. O maior nível de pureza alcançado é o de 24 quilates (praticamente 100% de pureza) sendo comum, no ramo de jóias o emprego do ouro com 18 quilates que se apresenta com cerca de 70% de pureza.
Propriedades genéricas: propriedades mecânicas reduzidas, ponto de fusão 1063ºC, elevada densidade, maleabilidade, elevada resistência à corrosão, boa a excelente condutibilidade elétrica. Considerável propriedade química sendo dissolvido por cianetos, solução de ácido clorídrico e ácido nítrico.
Densidade: 19,3 g/cm³
Aplicações: geralmente ligado a outros metais para aplicações diversas como indústria eletroeletrônica em circuitos impressos e contatos, indústria química, próteses dentárias, joias (pulseiras, anéis, cordões, etc.), soldas, moedas e medalhas.

Processos mais comuns: corte, estampagem, repuxo, trefilação, forja, laminação, fundição, soldagem, colagem. Nos processos de acabamento - gravação (eletroerosão, fotoerosão, pantógrafo); esmaltação, cianureto, polimento, banhos ácidos (eliminação de oxidação e impurezas).

foto: Irina Aragão

■ PRATA

Metal nobre de cor branca e brilho intenso tendo como destaque a maior capacidade de reflexão, melhor condutibilidade elétrica e térmica entre todos os metais existentes. Em contato com o oxigênio, propicia a criação, em sua superfície, de uma fina película de óxido de prata.

Propriedades genéricas: ponto de fusão igual a 962°C (máximo), elevada ductilidade, maleabilidade, excelentes condutividades elétrica e térmica. Sua resistência química em geral, é boa, sendo dissolvida apenas por ácido clorídrico, nítrico e sulfúrico.

Densidade: 10,7g/cm³

Aplicações: aparelhos eletrônicos, espelhos e refletores, revestimento, elemento para filmes radiológicos, produtos hospitalares, joalheria, soldas, próteses dentárias, moedas.

Processos mais comuns: corte, estampagem, repuxo, trefilação, forja, laminação, fundição, soldagem, colagem. Nos processos de acabamento – gravação (eletroerosão, fotoerosão, pantógrafo); esmaltação, cianureto, polineto, banhos ácidos (eliminaçãode oxidação e impurezas). Geralmente é associado ao cobre, ouro, platina, enxofre e antimônio.

■ TITÂNIO

Não é encontrado na sua forma elementar na natureza mas sempre ligado a outros elementos. Seus minerais mais importantes são o rutilo e o anatase. Ótima relação resistência/peso.

Propriedades genéricas: alto ponto de fusão entre 1648-1704°C, leveza, maleabilidade, baixa toxidade. Não é facilmente atacado pelos ácidos e com o ácido nítrico forma o ácido titânico. Há alguns anos, devido ao grande espectro de cores que possibilita, começou a ser empregado em objetos da joalheria. É um metal que não pode ser facilmente soldado em virtude de seu elevado ponto de fusão. A indústria utiliza-se de gás argônio e maçarico de tungstênio para soldá-lo. Logo, em peças de joalheria sua solda é inviável. Sua fixação costuma ser feita através de cravação, garras, rebites, parafusos etc.

Densidade: 4,5 g/cm³

Aplicações: é encontrado na forma plana (tiras, folhas e chapas), perfis com ou sem costura. É muito empregado na indústria de pigmentos para tintas; construção de aeronaves; próteses dentárias e é parte integrante do processamento da celulose – dióxido de titânio (alvura). Na fabricação de pedras preciosas (diamante artificial) – rutilo.

Processos mais comuns: dependendo da forma, pode ser submetido à fundição, extrusão, estampagem, repuxo, trefilação, dobramento, corte, usinagem soldas e rebitagem, bem como dos processos de acabamento – pintura, anodização etc.

PROCESSOS PARA OBTENÇÃO DE PEÇAS EM METAL

A seguir teremos uma breve descrição dos processos de fabricação envolvendo os materiais metálicos. Para tal procuramos ordená-los a partir da geometria ou forma do material metálico com a seguinte seqüência: chapas, placas, fios e tubos – conformação mecânica; chapas, placas, barras e tarugos, forjamento; pó – sinterização e, por fim lingotes e sucatas para os diversos processos de fundição.

▪ ESTAMPARIA DE CORTE

CORTE SIMPLES – PRENSA GUILHOTINA

Produção econômica: muito baixa, baixa, alta, muito alta – dependendo do nível de automação da prensa. A prensa pode ser automática, semi-automática ou manual.

Equipamentos: investimento baixo a alto – dependendo do nível de automação da prensa;

Ferramental: investimento baixo a médio – punção metálico/faca de aço indeformável temperado resistente a choques e ao desgaste

Aplicações: corte de chapas finas e grossas sendo que o valor da espessura a ser cortada dependerá do tipo de metal empregado no punção e da capacidade da máquina;

Matéria-prima: praticamente todos os metais na forma de chapas finas e grossas podem ser submetidos a este processo contudo, quanto mais duro e/ou espesso for o metal mais difícil será o corte.

Descrição do processo: o processo intermitente que consiste no deslocamento vertical de cima para baixo de um punção (faca ou facão) metálico contra a chapa metálica que se encontra apoiada na mesa, cortando-a por cizalhamento conforme desenho esquemático a seguir:

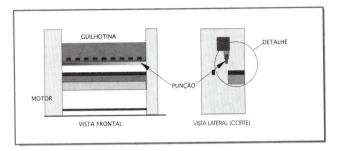

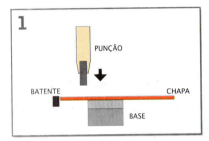

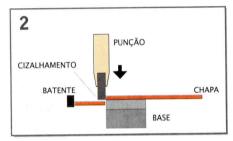

PERFURAÇÃO – PRENSA HIDRÁULICA

Produção econômica: muito baixa, baixa, alta, muito alta – dependendo do sistema ou do nível de automação da prensa. A prensa pode ser automática, semi-automática ou manual.

Equipamentos: investimento médio a alto – dependendo do nível de automação e da capacidade necessário.

Ferramental: investimento baixo a médio – punção metálico/faca de aço indeformável temperado resistente a choques e ao desgaste.

Aplicações: perfuração de chapas finas e grossas sendo que o valor da espessura a ser cortada dependerá do tipo de metal empregado no punção e da capacidade da máquina.

Matéria-prima: praticamente todos os metais na forma de chapas finas e grossas podem ser submetidos a este processo. Quanto mais duro e/ou espesso for o metal mais difícil será a perfuração.

Descrição do processo: o processo intermitente que consiste no deslocamento vertical de cima para baixo (normalmente) de um punção metálico (com a geometria desejada para o furo) contra a chapa metálica que se encontra apoiada na mesa, perfurados por cizalhamento conforme desenho esquemático a seguir.

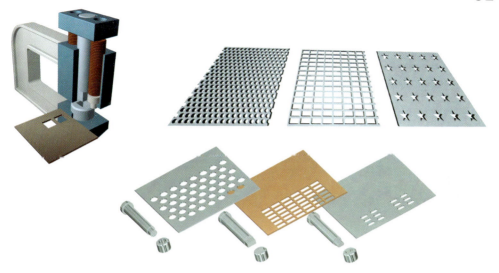

CORTE A LASER 2D

Produção econômica: qualquer quantidade (uma unidade, centenas ou milhares de peças). Aspectos como o material, sua espessura e a complexidade do corte, são determinantes para a definição do custo para a produção

Equipamentos: investimento muito alto.

Ferramental: não utiliza ferramental, as chapas são cortadas com base em desenhos em arquivos CAD.

Aplicações: chapas metálicas (ou outro material) que requeiram cortes complexos (em geral) para fabricação de produtos diversos: letreiros, aeromodelos, peças decorativas, adornos, engrenagens, coroas e outras peças para indústria automobilística, caminhões, computadores, móveis, confecções etc.

Matéria-prima: podemos dizer que quase todos os tipos de materiais na forma plana com dimensões máximas em torno de 3000 x 1500 x 20mm ou 4000 x 2000 x 20mm podem ser submetidos ao processo de corte a laser. No caso dos metais, os mais comuns são o aço carbono, aço galvanizado e aço inoxidável. Sendo também possível o trabalho sobre o alumínio, o cobre, o titânio etc. É possível também cortar termoplásticos como acrílico, EVA, borrachas, madeiras e derivados (MDF e reconstituídos), couro, tecidos, vidros, sempre observando as possibilidades e limitações de cada um.

Descrição do processo: A partir de informações sobre o tipo do material, sua espessura bem como do desenho em arquivo CAD ocorre o ajuste do equipamento com vistas a obtenção de peças precisas, bem acabadas do modo mais rápido e eficiente possível. O corte a laser se dá por meio da emissão de um feixe com alta densidade de energia que direcionado por um cabeçote, atinge o material fundindo-o. Dependendo do tipo de equipamento gases como CO_2 e He são empregados junto à emissão do laser. O primeiro para impedir a oxidação da região aquecida e o segundo, para resfriar a peça. Conforme ilustrado a seguir observamos que o cabeçote desloca-se de forma otimizada nos dois eixos de acordo com o perímetro a ser recortado.

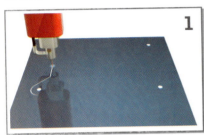
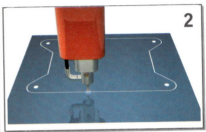

■ CONFORMAÇÃO MECÂNICA

DOBRAMENTO DE CHAPAS

Produção econômica: em geral muito baixa, baixa, média, alta, altíssima, dependendo do nível de automação do equipamento envolvido, do tamanho e complexidade da peça e do tipo de material especificado.

Equipamentos: investimento baixo, médio a alto dependendo se o equipamento é manual, semi-automático ou automático bem como da capacidade de deformação.

Ferramental: baixo a médio.

Aplicações: chapas metálicas viradas com diferentes formatos e tamanhos para componentes estruturais, revestimentos e outros componentes para a indústria de carroceria, naval, ferroviária, refrigeração, construção civil, móveis, mobiliário urbano, utensílios domésticos etc.

Matéria-prima: praticamente todos os metais na forma de chapas finas e grossas podem ser submetidos a este processo.

Descrição do processo: o processo de dobramento padrão de chapas consiste na ação de um punção específico que se desloca de cima para baixo sobre uma chapa metálica que se encontra apoiada sobre uma matriz (tipo"V") deformando-a na forma de vinco. O ângulo, bem como o raio interno do vinco, pode ser previamente estabelecido.

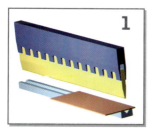 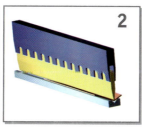 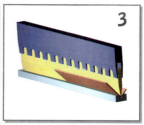

CONFORMAÇÃO DE CHAPAS/ESTAMPAGEM

Produção econômica: alta a altíssima.

Equipamentos: investimento médio (prensas manuais), alto a altíssimo (prensas hidráulicas, automáticas ou semi-automáticas e dobra CNC).

Ferramental: investimento alto a altíssimo, dependendo do tamanho, da complexidade geométrica e do acabamento desejado para a peça, bem como pelo tipo de material a ser deformado. Os moldes são confeccionados em aço especial com tratamento nas superfícies que recebem o impacto.

Aplicações: obtenção de chapas metálicas deformadas para fabricação de produto diversos: carrocerias de autos, caminhões etc., tanque de motos, pias, refletores de luminárias, baixelas, bandejas, talheres, panelas e outros utensílios domésticos, pás, latas de bebidas e outras embalagens, dobradiças, peças estruturais etc.

Matéria-prima: praticamente todos os metais na forma de chapas finas e grossas podem ser submetidos a este processo sendo mais usual chapas de aço doce e com espessura inferior a 1,5 mm.

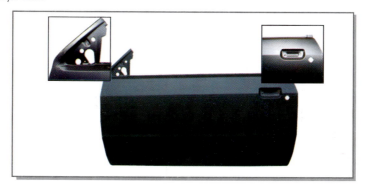

Descrição do processo: o processo de conformação mecânica consiste em submeter a chapa metálica a uma deformação mecânica. Para tal a chapa é cortada na geometria adequada, apoiada sobre uma matriz (fêmea) sendo sobre esta presa firmemente com um dispositivo chamado de "prensa chapa". O punção então, desloca-se de cima para baixo deformando a chapa por estiramento. Após a deformação ser concluída, o punção e o "prensa chapa" retornaram a posição original liberando a peça. A chapa resultante pode ou não ser submetida a outras operações, em geral abertura de furos, até a configuração desejada seja atingida.

É importante salientar que o processo de conformação pode ser uma estampagem rasa (profundidade de moldagem no máximo igual à metade do diâmetro da peça) ou profunda (profundidade de moldagem superior à metade do diâmetro da peça).

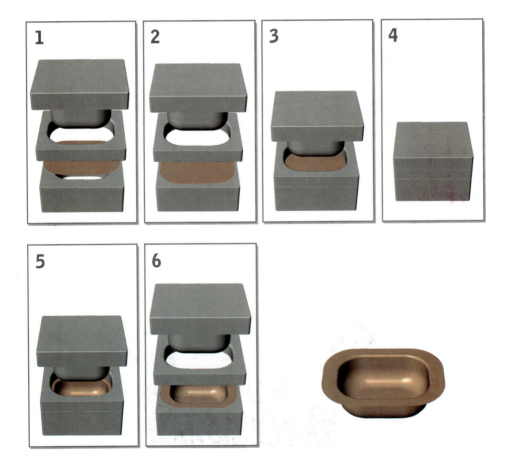

FORJAMENTO

Grupo de processos de conformação mecânica que consiste no esforço de compressão que um punção ou martelo faz sobre o corpo metálico apoiado sobre uma base (que pode ou não ser um molde) deformando-o na geometria desejada geralmente sem a ocorrência de perda de material.

O forjamento pode ocorrer a frio – com o metal na temperatura ambiente, a quente com o metal muito aquecido ou a morno com temperaturas variando entre frio e quente. A determinação da temperatura do processo dependerá de diferentes fatores como a geometria da peça e o metal empregado. Nas deformações a frio obtemos peças mais precisas e resistentes, muito embora seja necessário mais energia para deformação.

O forjamento pode ser feito com molde (ou matriz) aberto ou fechado. Sendo que o de matriz fechada é mais complexo e preciso propiciando a obtenção de peças com riqueza de detalhes como as moedas e medalhas.

Produção econômica: alta a altíssima, dependendo do nível de automação do equipamento.

Equipamentos: investimento pode ser médio, alto a altíssimo.

Ferramental: investimento alto, dependendo do tamanho, da complexidade geométrica e do acabamento desejado para a peça (um processo com matriz fechada demandaria maiores custos), bem como pelo tipo de material a ser deformado.

Matéria-prima: praticamente todos os metais na forma de chapas finas ou grossas como também barras ou tarugos podem ser submetidos a este processo.

Aplicações: peças mais resistentes do que aquelas obtidas em outros processos.

Em virtude da grande possibilidade de variações durante o processo, diversos tipos de forjamento foram sendo desenvolvidos ao longo do tempo para atender às necessidades específicas de fabricação, como, por exemplo: a cunhagem, o encalcamento, a extrusão, o fendilhamento, a furação, o recalcamento entre muitos outros. Aqui, exemplificaremos três tipos citados:

Cunhagem

Descrição do processo: processo de forjamento, de matriz aberta ou fechada, que consiste em submeter o material metálico aquecido ou não (em geral, na forma de chapa) à ação de um punção gravado. O impacto decorrente do deslocamento vertical de cima para baixo do punção faz com que a chapa seja deformada e gravada em apenas uma face ou nas duas conforme ilustrado abaixo.

Aplicações: fabricação de moedas, medalhas, jóias como também para gravação em peças maiores, ou para outras finalidades como em talheres e peças técnicas.

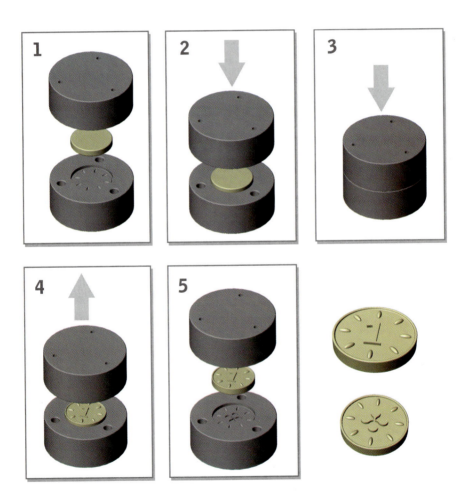

Recalque

Descrição do processo: processo de forjamento, de matriz aberta ou fechada, que consiste em submeter o material metálico aquecido ou não (em geral, na forma de tarugo) à ação de um punção. O impacto decorrente do deslocamento vertical de cima para baixo do punção fazendo com que o material seja deformado de maneira que sua secção seja aumentada parcial ou totalmente, conforme ilustrado abaixo.

Aplicações: fabricação de parafusos, pinos, rebites, pregos etc.

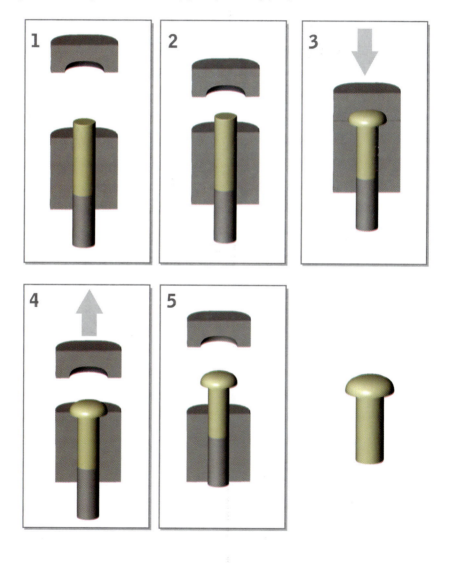

Furação

Descrição do processo: processo de forjamento, de matriz aberta ou fechada, que consiste em submeter o material metálico aquecido ou não à ação de um punção com o formato desejado para o furo. O impacto decorrente do punção faz com que o material metálico seja parcial ou totalmente perfurado.

Aplicações: buchas, espaçadores etc.

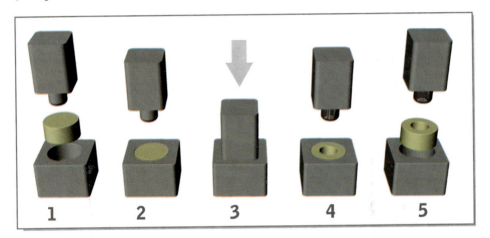

CURVAMENTO DE TUBOS

O curvamento de tubos metálicos é uma atividade comum nas indústrias de todo mundo. De acordo com a necessidade, um tubo pode ser curvado por diferentes processos como o de compressão, o curvamento por rolos e o curvamento por indução de alta freqüência. Aqui, destacaremos o processo de curvamento por rolos e o por matriz rotativa.

Produção econômica: em ambos os processos, a produção pode ser baixa – para equipamentos manuais podendo ser aumentada à medida que sejam mais automatizados e/ou permitam que dois tubos possam ser virados ao mesmo tempo. As máquinas mais simples estão preparadas para curvar o tubo apenas em um plano, contudo, existem equipamentos que permitem curvaturas em dois ou três planos, por exemplo.

Equipamentos/ferramental: investimentos modestos para aqueles manuais podendo ser bastante elevados para os de alta produtividade e sistemas automatizados, bem como no emprego de recursos como mandris.

Aplicação: estruturas tubulares para móveis (estantes, cadeiras, sofás etc.), luminárias, postes de iluminação, estruturas para construção civil, componentes para automóveis, corrimão, balaústre e colunas para ônibus, peças para lanchas e outras embarcações.

Matéria-prima: perfis metálicos geralmente em aço carbono ou liga, alumínio com secção circular com diâmetro variando entre 1/4" (6,35mm) podendo chegar a 6" (152mm) e espessura de parede variável.

Curvamento de tubos por rolos

Descrição do processo: processo que consiste em submeter o tubo metálico a passar por um conjunto de três rolos que com o esforço de flexão fazem com que o tubo seja dobrado. Nesta passagem, dois rolos encontram-se fixos (em posição predeterminada) enquanto o terceiro movimenta-se perpendicularmente ao tubo para determinar sua curvatura, conforme a ilustração abaixo. Quando o raio desejado é atingido, o movimento é cessado e o rolete central retorna a sua posição liberando o tubo.

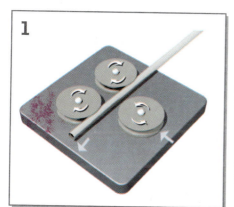
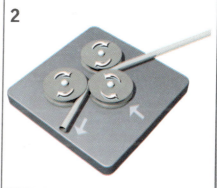
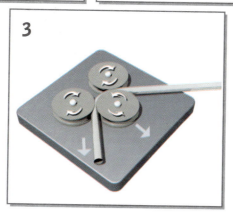

Curvamento de tubos por matriz rotativa

Descrição do processo: neste processo, o tubo é preso/fixado entre a matriz e o mordente. Com o movimento de rotação da matriz e do mordente e a guia mantendo-se em seu alinhamento original, o tubo é flexionado até que o ângulo de curvatura seja atingido. Existem máquinas que funcionam com o conjunto matriz/mordente estático, sendo que a guia é que se movimenta para curvar o tubo.

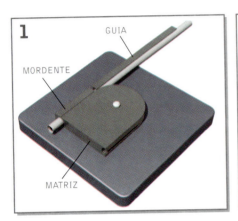
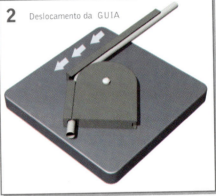

> **OBSERVAÇÃO**
> Durante a curvatura de um tubo, ocorre um espaço de tração da parte externa do tubo e a compressão da parte interna do tubo curvado. Estas forças atuam respectivamente para o estiramento da parte externa e a compactação da parte interna, o que geralmente resulta em um corrugamento/amassamento da parte interna. Para minimizar esta deformação alguns cuidados podem ser tomados, como determinar a curvatura mínima interna em torno de 4 vezes o diâmetro do tubo por exemplo.
> Mesmo assim é comum, para evitar possíveis deformações, de encher o interior do tubo com algum substrato como, por exemplo, areia ou madeira, ou mesmo mandris especiais para o processo.

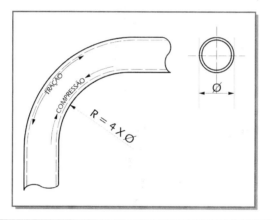

TREFILAÇÃO DE TUBOS

Produção econômica: alta – feita por empresas especializadas no processo.

Equipamentos/ferramental: investimento alto, pois são necessários, além de fieiras (matrizes) para redução de secção, mandris, tracionadores (mordaças) entre outros.

Aplicações: obtenção de perfis tubulares metálicos, com destaque para o aço, sendo mais comum a secção circular (embora outras geometrias possam ser possíveis).

Matéria-prima: chapas viradas e costuradas/soldadas com secção tubular e tubos.

Descrição do processo: o processo de trefilação de tubos tem como objetivo a obtenção de comprimentos maiores do material com a redução de sua secção, contudo, no mesmo processo, podem-se melhorar as propriedades mecânicas do metal e seu acabamento superficial. O processo consiste em submeter o "tubo" metálico (pelo tracionamento feito por mordaças) a passar por uma fieira que reduz sua secção. Com o intuito de melhorar o resultado final (acabamento e regularidade da espessura, por exemplo), podem ser empregados dispositivos internos (mandris) ao tubo conforme ilustrado a seguir.

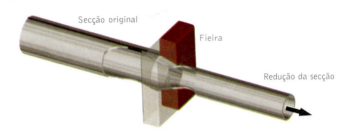

Trefilação sem suporte

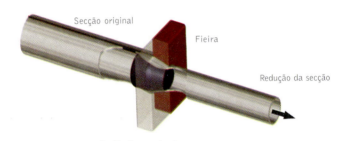

Trefilação com bucha

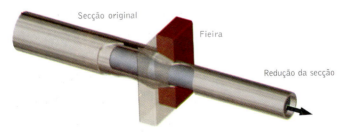

Trefilação com mandril

■ SINTERIZAÇÃO

Produção econômica: média, em relação aos demais processos metalúrgicos, a sinterização poderá apresentar vantagens substanciais se forem consideradas a velocidade de fabricação e a qualidade das peças obtidas (principalmente se comparadas à cunhagem e a estamparia de deformação).

Equipamentos/ferramental: equipamentos que demandam médio a alto investimento como prensa hidráulica e forno para sinterização. Dependendo da complexidade da geometria e do material da peça a ser fabricada poderá incorrer no aumento do número de partições do molde tornando-o mais caro.

Aplicações: obtenção de peças pequenas com peso variando entre 56 gramas e 4,5 kg que requeiram elevada precisão, riqueza de detalhes com muito acabamento superficial como engrenagens, frezas, buchas, mancais, válvulas, moedas e medalhas etc..

Matéria-prima: materiais metálicos ferrosos ou não-ferrosos na forma de pó (ligas metálicas), lubrificantes (para facilitar a extração da peça sem comprometê-la) e antioxidantes.

Descrição do processo: o processo de sinterização emprega tipicamente um molde com duas, três ou quatro partições (punção inferior e superior) sendo que necessita de uma

Seqüência resumida do processo de sinterização

cavidade horizontal (fêmea) para que o pó metálico seja contido e não se espalhe. Este molde é montado em uma prensa hidráulica.

A matéria-prima – metal em pó + lubrificante – é homogeneizada, peneirada, pesada, para então ser despejada dentro da cavidade do molde. O punção superior é deslocado de cima para baixo de forma a compactar o pó metálico sob a ação da prensa hidráulica. Após a compactação, o punção retorna a sua posição e a peça é liberada para ser levada ao forno (que não consta na ilustração) dentro do qual será submetida a uma microfusão para então solidificar-se. A peça pode ainda ser submetida a uma recompactação se necessário.

■ FUNDIÇÃO

Adequada para obtenção de peças com geometria intrincada ou complexa, a fundição caracteriza-se, em termos gerais, em submeter um material metálico (em geral, ligas de ferro, cobre, alumínio, zinco ou magnésio)[3] na forma de sucata ou lingote a um elevado e contínuo aquecimento, em fornos elétrico ou cubilô[4], de maneira que o metal possa atingir seu ponto de fusão, para então ser vertido (despejado) no interior de um molde/cavidade.

Após o resfriamento do material, a peça endurecida já no formato desejado (da(s) cavidade(s) do molde) pode ou não ser submetida a algum tipo de usinagem para retirada de rebarbas, abertura de furos etc.

Conforme poderá ser visto a seguir, existem diferentes tipos de processos de fundição que se destacam pelo volume de produção possível, pela qualidade do acabamento final, precisão e tamanho das peças obtidas, sendo os mais conhecidos: em areia, em casca (shellmolding), de precisão (cera perdida), centrífuga, em molde metálico sob pressão e em molde metálico por gravidade.

Outro aspecto importante no âmbito da fundição é o molde. O molde pode ser descartável, como no caso da fundição em areia, da fundição em casca e da fundição em cera perdida. Ou permanente (definitivo) como no caso da fundição centrífuga, fundição por gravidade (coquilha) e fundição injetada.

A diferença entre eles é reside no fato do descartável ser destruído no final da moldagem resfriamento da peça – sendo necessário a fabricação de moldes paralela à fabricação das peças, já no permanente, embora mais caro, isso não ocorre!

---

3 Para fabricação de jóias, são empregados metais nobres e outras ligas mais apropriadas.
4 Tipo de forno só para ferro fundido.

FUNDIÇÃO EM AREIA

Produção econômica: muito baixa a baixa.
Equipamentos: investimento baixo a médio podendo chegar a alto.
Ferramental:
- Moldes: investimento baixo a médio
  - caixas ou caixonetes para moldagem
  - areia para moldação – areia silico-argilosa sintética ou areia verde (refratário) + argila e água (aglomerante)
- Modelos: investimento depende do tipo de material
  - madeira maciça ou compensado – mais barato, mais leve, menor precisão, menor acabamento, mais fácil de trabalhar (alterar, corrigir e consertar), menor vida útil, pequenas tiragens – centenas de peças.
  - metal – alumínio: custo a partir de 3 vezes do da madeira, mais pesado, maior precisão, melhor acabamento, mais difícil de trabalhar, maior vida útil, maior resistência entre todos, elevadas tiragens – milhares de peças.
  - plástico – resina epóxi: custo em torno de 2 vezes do da madeira, boa precisão, bom acabamento, mais difícil de trabalhar do que em madeira, vida útil maior do que o madeira e menor do que o aço, grandes tiragens – milhares de peças.
  - mistos – plástico + madeira, plástico + metal: preferidos para situações peculiares como produção piloto ou de teste entre outras apresentando desempenho muito bom – para tal, deve-se consultar os fabricantes especializados.

Aplicações: obtenção de peças médias e grandes que em geral requeiram pouco acabamento como hidrantes, base para máquinas, bloco de motores, tampa de bueiros, equipamentos urbanos etc. Também é empregado para produção de peças de boa precisão como torneiras, misturadores, valvulas e outras ferragens sanitárias.
Matéria-prima: materiais metálicos ferrosos e não-ferrosos na forma de lingotes ou sucata.
Descrição do processo: a fundição em areia depende da confecção e manutenção dos modelos para a fabricação de moldes cavidades ou machos.
Conforme poderemos observar na seqüência ilustrada, temos um modelo posicionado sobre uma superfície circundado por um quadro metálico que podemos chamar de caixa (inferior) dentro do qual preenche-se com areia verde de maneira a envolver por completo o modelo.

76

Neste caso, o molde é virado do lado contrário e, com o modelo ainda no local, prepara-se a caixa superior que definirá os contornos da superfície posterior da peça, bem como as posições do canal de descida (por onde entra o metal fundido) e o respiro. Simultaneamente, o macho da parte interna da peça é moldado com a mesma areia verde.

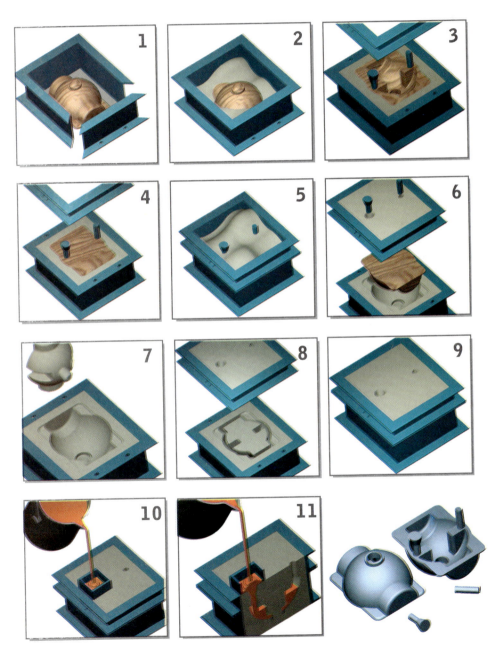

Após a moldagem da caixa superior e inferior, os modelos da peça, do canal de descida e do respiro são retirados, deixando vazias as cavidades superiores e inferior (sobre a qual é posicionado o macho). A caixa superior é então colocada sobre a inferior para que o metal fundido possa ser vertido (vazamento) pelo canal de descida até preencher por completo a cavidade.

Posteriormente, para retirar a peça, o molde é "destruído" – mas a areia é aproveitada para outras fundições.

Podemos afirmar que todas as peças obtidas por fundição em areia devem passar por algum tipo de retrabalho para corrigir imperfeições e retirar as saliências deixadas pelo respiro e pelo canal de descida.

FUNDIÇÃO EM CASCA (SHELLMOLDING)

Produção econômica: média a alta, dependendo do volume de produção de moldes.

Equipamentos: investimento alto a muito alto, dependendo do tipo de equipamentos empregados na produção dos moldes.

Ferramental:

Parte do molde para fundição em casca

- Moldes: areia para fundição + resina
- Modelos: moldes/ferramentas usinados em alumínio – custo elevado

Aplicações: obtenção de peças pequenas, médias e grandes que requeiram acabamento superficial razoável (superior àquele conseguido no processo em areia) e alguma precisão como: coletores de ar, hélices, escapamentos, peças para máquinas, bloco de motores tampa de conectores industriais etc..

Matéria-prima: materiais metálicos ferrosos e não-ferrosos – na forma de lingotes ou sucata.

Descrição do processo: no processo de fundição em casca, o molde é fabricado em série, a partir de matrizes metálicas sobre os quais são aplicadas areia para fundição e resina sintética. A mistura é solidificada em conseqüência ao aquecimento da matriz metálica o que garante qualidade do acabamento superficial e dimensional das partes do molde.

O conjunto do molde é então levado à fundição, onde tem suas partes montadas e fixadas por presilhas estando, desta forma, pronto para receber o material metálico em fusão (vazamento) pelo canal de descida.

Após o resfriamento do metal, o molde é aberto sendo destruído após o processo.

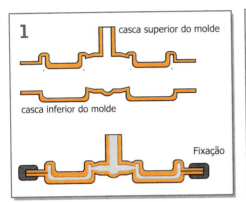

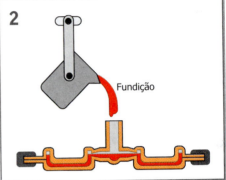

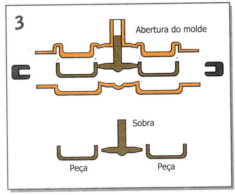

FUNDIÇÃO EM CERA PERDIDA – (MICROFUSÃO)

Produção econômica: média podendo chegar a alta, dependendo do volume de produção de modelos.

Equipamentos: investimento alto, dependendo do tipo de equipamentos empregados na produção das matrizes dos modelos (injetoras de cera).

Ferramental:
- Matriz de modelo: molde em alumínio usinado – quanto maior a complexidade da geometria da peça desejada maior será a necessidade de aumentar o número de divisões do molde o que implica em gastos maiores.

> Modelos para produção: em cera de boa plasticidade, resistência ao manuseio e que tenha o mínimo de contração.

Aplicações: obtenção de peças muito pequenas com peso em torno de 2 g, médias e até grandes com 50 kg que requeiram excelente acabamento superficial e elevada precisão tendo, por isso, aplicação na indústria pesada indo até a indústria de jóias (guardadas as diferenças inerentes às necessidades e limitações de cada setor) – hélices de turbina, engrenagens, mancais, conectores, juntas, próteses ortopédicas, peças para pequenas máquinas e utensílios domésticos, bloco de motores etc.

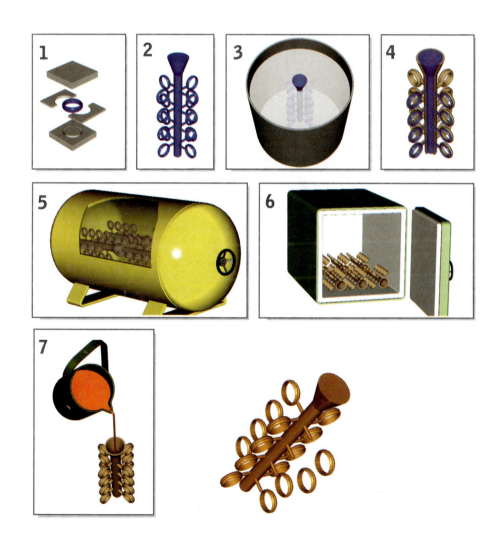

Matéria-prima: na indústria em geral predomínio dos materiais ferrosos – aço carbono, aços-liga, aço inox, mas também metais não-ferrosos. Na indústria de jóias metais nobres e outras ligas.

Descrição do processo: o processo padrão consiste na construção de matrizes para obtenção de modelos em cera na escala de 1:1 que vão sendo montados sobre uma haste também em cera formando uma árvore repleta de modelos.

A árvore é submetida a um banho em barbutina ("cerâmica líquida")[1] e, posteriormente, submetida à aplicação de material refratário – esta operação é repetida quantas vezes forem necessárias até alcançar a espessura de parede recomendável para molde.

Após a secagem da parede cerâmica, dá-se a deceragem que consiste na retirada da cera do interior das cavidades com ação de temperatura e pressão – autoclave – deixando-as ocas.

O molde sem a cera é queimado em forno com temperatura elevada para endurecer, manter o dimensional e melhorar sua resistência geral.

A partir deste ponto, o molde pode ser submetido ao vazamento do metal em fusão que gradativamente vai preenchendo as cavidades.

Após o resfriamento do metal, o molde é quebrado sendo necessário um pequeno procedimento de usinagem para separar as peças dos galhos da árvore e retirar eventuais imperfeições.

FUNDIÇÃO CENTRÍFUGA

Produção econômica: média podendo chegar a alta, dependendo do volume de peças obtidas por molde. Investimento baixo/médio.

Ferramental:
- Moldes: em silicone ou de borracha geralmente bipartido
- Modelos: geralmente em metal – a complexidade da geometria da peça desejada pode torná-los extremamente difíceis de serem construídos

---

1 A indústria de jóias emprega moldes de silicone.

Aplicações: obtenção de peças pequenas que requeiram acabamento superficial muito bom e precisão e riqueza de detalhes como modelos em escala, brinquedos, hélices, jóias e bijouterias, pequenos mecanismos, bloco de motores, tampa de conectores industriais.

Matéria-prima: materiais metálicos não-ferrosos na maioria dos casos, inclusive ligas de Zamac, entre outras, (podendo ser ferrosos ou até em outros materiais como resina poliéster, por exemplo) na forma de lingotes ou sucata.

Descrição do processo: no processo de fundição centrífuga o molde pode ser confeccionado em silicone ou borracha, no formato circular e dividido em duas partes (uma superior e outra inferior) com as cavidades dispostas radialmente em relação ao centro.

Após a confecção, o molde é montado um sobre o outro entre duas bandejas, inferior e superior, que os manterão unidos durante o processo. O conjunto, na verdade, está montado sobre um dispositivo da máquina que o rotaciona em alta velocidade sendo, então, simultaneamente, vazado o metal em fusão no interior de sua cavidade (molde) através do orifício central superior.

A força centrífuga faz com que o material seja empurrado contra as paredes do molde até que as cavidades estejam por completo preenchidas.

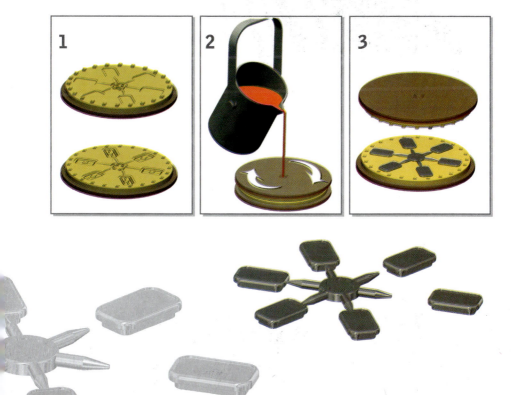

▪ EXTRUSÃO

Produção econômica: muito alta – medida na relação entre metro linear e peso.
Equipamentos: investimento altíssimo – extrusoras inversas e diretas.
Ferramental:
- Moldes: cabeçote de extrusão em ligas especiais de acordo com a especificação de liga do alumínio é comum que só as indústrias com elevado consumo de perfis solicitem a confecção de matrizes de extrusão de alumínio, ficando como opção os perfis comuns (de linha) ou de matriz aberta que se encontram disponibilizados em catálogos dos fabricantes.

Aplicações: obtenção de perfis sólidos, semitubulares e tubulares para a indústria naval, carrocerias de ônibus e caminhões, bicicletas, refrigeração, mobiliário, construção civil.
Matéria-prima: ligas de alumínio.

Perfis sólidos   Perfis semitubulares   Perfis tubulares

Descrição do processo: o processo de extrusão consiste em pressionar com um pistão um tarugo de liga de alumínio aquecido (dentro de um êmbolo) contra uma matriz (com desenho da secção desejada). Sob efeito de elevada pressão e ação da temperatura, o material vai gradativamente passando pela matriz tomando assim, sua forma. Quando o perfil atinge o comprimento desejado, é cortado podendo ou não ser submetido à aplicação de têmpera.

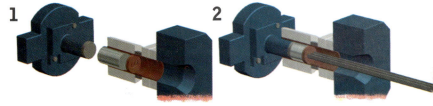

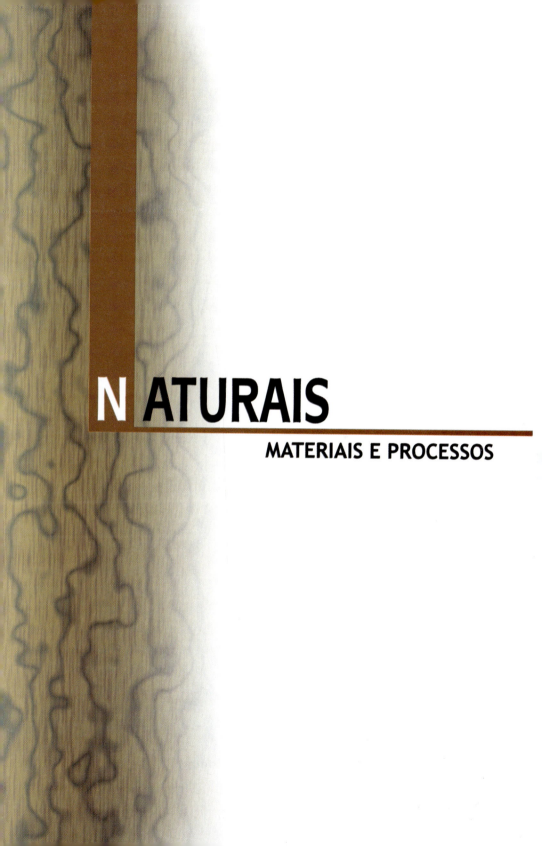

NATURAIS
MATERIAIS E PROCESSOS

CAPÍTULO IV

NATURAIS

Introdução

Madeira
- Produção de madeira
- Madeira maciça
- Madeira transformada

Processos envolvendo madeira maciça e derivados

ARBOFORM® polímero de lignina

INTRODUÇÃO

Material natural é todo aquele extraído pelo homem da natureza, de forma planejada ou não, sendo que para o sua utilização artesanal ou industrial não tenha havido modificações profundas em sua constituição básica.

Um material natural pode ser orgânico se obtido de um animal ou de um vegetal, ou inorgânico se obtido de um mineral.

No grupo dos materiais orgânicos de fonte animal merecem destaque: a seda, a lã que têm constituição fibrilar (fibras) e a pérola, polímero natural, considerada uma gema. Outros são polêmicos (em muitos casos de uso proibido) como o couro e outras peles de diferentes animais.

Já para os derivados de fonte vegetal temos: as fibras de algodão, cânhamo, linho e o sisal com reconhecida importância para a industria têxtil. Neste mesmo grupo temos também: a madeira proveniente dos vegetais superiores (árvores frondosas e coníferas), o bambu (pertencente a família das Gramíneas) utilizado na sua forma maciça ou em fibras, além dos polímeros como o látex empregado na fabricação de luvas e materiais cirúrgicos e o âmbar, gema de natureza orgânica vegetal que, a exemplo da pérola, é utilizado para confecção de jóias.

No grupo dos materiais inorgânicos estão envolvidos os minerais dentro dos quais merecem destaque: os mármores e granitos, vitais para a industria de construção civil, móveis e decoração, as pedras preciosas como a água marinha, a ametista, a safira, o topázio entre outras consideradas gemas mais tradicionais para a indústria de jóias. Aqui também estão incluídos os minérios que submetidos a processos adequados propiciam a obtenção dos metais que, por esta razão, neste trabalho são tratados separadamente.

Por razões óbvias os materiais naturais acompanham toda trajetória da humanidade desde os primórdios até hoje sendo que, com o advento dos materiais sintéticos são cada vez menos consumidos. A substituição destes materiais pode ser justificada, em alguns casos, pela menor resistência a esforços freqüentes, a exposição às intempéries, a variações constantes nas condições do ambiente (como nos níveis de umidade do ar, por exemplo) como ocorre com algumas fibras naturais. Outro fator que contribui para esta substituição são os custos de produção superiores em relação aos materiais sintéticos, principalmente se considerarmos altos volumes de produção.

Em contrapartida, com o crescimento dos problemas ambientais muitos materiais naturais vêm merecendo destaque em virtude das reais possibilidades de renovação natural de suas reservas, ou mesmo pela renovação programada como ocorre com espécies vegetais como o eucalipto e a teca, ou mesmo pela bio-compatibilidade como a facilidade de absorção pela natureza quando descartados. Além disso, em situações onde há o contato humano, os materiais naturais são mais confortáveis.

Neste trabalho, os materiais naturais serão representados pela a madeira e seus principais subprodutos, bem como os materiais compostos destes obtidos como o aglomerado e o MDF. Também será abordado o Arboform – polímero a base de celulose.

MADEIRA

A madeira constitui o mais antigo material utilizado pelo homem sendo até hoje explorada pela facilidade de obtenção, e pela flexibilidade com que permite ser trabalhada. Estes fatores aliados a possibilidade da renovação de reservas florestais por meio de manejos adequados, permite considerarmos este grupo de materiais praticamente inesgotável, se explorada de forma consciente.

A maioria, das madeiras – quando secas – são dotadas de baixa densidade (igual ou inferior a 1 g/cm^3), boa resistência à flexão, à tração e ao impacto, sendo também, bons isolantes térmicos e elétricos. Além disso, a enorme diversidade existente em todo mundo (de forma notável no Brasil) propicia a obtenção de madeiras com diferentes tipos de cores, desenhos e texturas.

Em contrapartida, a madeira apresenta geometria limitada à uma secção estreita e longo comprimento, é um material combustível e, sem os devidos tratamentos, é sensível à umidade e vulnerável ao ataque de fungos e bactérias.

A madeira para exploração comercial, seja para aplicações voltadas à Engenharia – estruturas, construção civil, etc. – como para outros campos como o de mobiliário, decoração, revestimentos, etc., é derivada do tronco de árvores exógenas que compreendem as coníferas (gimnospermas – sem frutos para geração de sementes) e as folhosas ou frondosas (angiosperma – sementes nos frutos).

O **TRONCO**, observado em sua secção transversal, é composto pela casca, alburno, cerne e medula conforme ilustrado na figura ao lado.

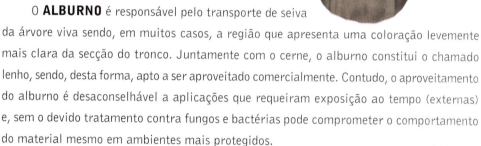

A **CASCA** tem a fução de proteger a árvore do ataque de fungos, bactérias e outros agentes externos quando em vida. Do ponto de vista comercial, salvo raras exceções (como a obtenção de cortiça em algumas espécies e aplicações medicinais), a casca não é aproveitada.

O **ALBURNO** é responsável pelo transporte de seiva da árvore viva sendo, em muitos casos, a região que apresenta uma coloração levemente mais clara da secção do tronco. Juntamente com o cerne, o alburno constitui o chamado lenho, sendo, desta forma, apto a ser aproveitado comercialmente. Contudo, o aproveitamento do alburno é desaconselhável a aplicações que requeiram exposição ao tempo (externas) e, sem o devido tratamento contra fungos e bactérias pode comprometer o comportamento do material mesmo em ambientes mais protegidos.

O **CERNE** tem a função de sustentação estrutural da árvore. É a região constituída por células mortas da árvore e no qual podemos encontrar os anéis de crescimento do vegetal. Em termos comerciais, é a região mais apreciada.

A **MEDULA** é a parte central da secção apresentando um tecido esponjoso não estrutural sendo, por esta razão, rejeitado para a maioria das aplicações possíveis para madeira.

Em virtude da existência de diferentes espécies de árvores, faz-se necessário, para os profissionais envolvidos neste setor, o conhecimento de algumas características que são fundamentais para a identificação, escolha e aplicação de madeiras maciças.

A priori, a madeira é identificada (por observação visual ou em laboratório) por meio de três planos distintos a saber: transversal, radial e tangencial conforme ilustrado a seguir. Por razões óbvias, o exame de laboratório é mais preciso do que a observação humana.

O **PLANO TRANSVERSAL** corresponde ao plano perpendicular as fibras e por meio do qual é possível obrservar o alburno, o cerne e os anéis de crescimento, o miolo etc. do tronco da árvore, conforme demonstrado anteriormente.

O **PLANO RADIAL** é perpendicular ao plano transversal (e longitudinal ao eixo do tronco).

O **PLANO TANGENCIAL** é praticamente perpendicular ao plano transversal e ao plano radial. Por meio de sua observação, é possível verificar a superfície dos anéis de crescimento.

Por meio da análise dos planos supracitados, é possível identificar diversas características que contribuem para a escolha da madeira adequada à finalidade requerida, entre eles podemos citar: o cheiro, o sabor, a cor, o brilho, a textura e a grã. A não atenção a estes aspectos pode comprometer o emprego da madeira

Segundo SOUZA (1997), cheiro e o sabor são características de muitas madeiras ainda úmidas que tendem a atenuar à medida que a madeira vai secando. "O cheiro pode ser agradável ou desagradável. Se ele é desagradável [...] pode constituir um impedimento para que esta madeira seja utilizada para mobiliário. O gosto da madeira depende muito do seu cheiro e é, provavelmente, devido ao mesmo constituinte." (id)

A **COR** é um importante aspecto da madeira principalmente pela possibilidade de exploração de seu caráter decorativo. A cor da madeira está associada à presença de diversos elementos que constitui a parede das células como o tanino e resinas. Em virtude de diversos fatores, entre eles a secagem em estufa, exposição aos raios solares, envelhecimento etc., a cor tende a ser alterada. Além do aspecto visual, a cor pode ser um indicativo da resistência da madeira.

Segundo MANO (1991), quanto maior for a presença de lignina – material de natureza fenólica – mais escura e dura será a madeira (como é o caso do ipê e do roxinho), do contrário, ela será mais clara e macia (como é o caso do pinho e da balsa).

O **BRILHO**, ou **LUSTRE**, expressa a capacidade de reflexão de luz pelas paredes das células da madeira, o que significa dizer que nem todas as madeiras possuem esta propriedade. A presença do brilho é mais intensa nas faces radiais da madeira.

A **TEXTURA** de uma madeira pode ser classificada como fina, média ou grossa sendo determinante para sua definição o posicionamento, a quantidade e tamanho das células que a compõe.

A **GRÃ** é a disposição das fibras ao longo do eixo do tronco (secção longitudinal). Existem três tipos de disposições a saber:
- Grã direita: mais fácil de ser submetida a cortes (serragem), mais resistente a esforços mecânicos, em geral, embora seja pobre de desenhos (figuras);
- Grã ondulada: boa resistência mecânica e dotada de desenhos;
- Grã reversa: rica em desenhos, dificuldade de serragem, possibilidade de empenos e aspereza, possibilidade de baixo desempenho mecânico.

■ PRODUÇÃO DE MADEIRA

A partir da derrubada da árvore para obtenção do tronco ou lenho (e do desgalhe), a madeira é submetida a diversas etapas de processamento por diferentes setores industriais com vistas a obtenção, além da madeira maciça, de produtos distintos como papel e papelão, aglomerados e MDFs, laminados e compensados, entre outros.

Após a obtenção do tronco, livre dos galhos, dá-se a etapa de toragem que corresponde ao corte em peças com comprimento em torno de 6 mm (com vistas a viabilizar seu transporte). Nesta fase pode ocorrer o descasque (retirada da casca) da tora.

Posteriormente, dentro das serrarias, as toras poderão ser submetidas ao trabalho de torneamento (produção de chapas para compensado), faqueamento (produção de folhas para revestimento), descascamento (produção de cavacos para fabricação de aglomerados, MDFs, papelão etc.) ou falquejo e desdobro (produção de peças em madeira maciça). Uma tora é falquejada ou faqueada se dela for retirada quatro costaneiras tornando sua secção retangular (o que nem sempre é necessário ou desejado).

Considerando apenas a seqüência para obtenção de peças de madeira maciça, na última etapa, ocorre o desdobro que consiste em serrar a tora (falquejada ou não) a inúmeros cortes no sentido longitudinal dos quais são obtidas couçoeiras, pranchões ou pranchas (PETRUCCI, 1982) na forma bruta.

A figura a seguir busca ilustrar alguns tipos de desdobramento.

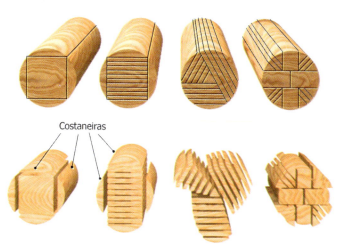

Exemplo de desdobramentos da tora de madeira.

Na maioria das vezes faz-se necessário submeter as peças ainda brutas ao chamado aparelhamento que na verdade é em mais um ciclo de cortes com objetivo de fabricar peças de madeiras cortadas em secções ou bitolas comerciais. Na tabela abaixo está relacionada a nomenclatura dos tipos de peças mais significativas com as respectivas dimensões de bitolas.

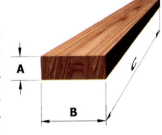

Madeira maciça serrada

Nome da Peça	A (espessura)	B (largura)	C (comprimento)
Pranchão	> 70	> 200	*
Prancha	40 a 70	> 200	*
Viga	> 40	110 a 200	*
Tábua	10 a 40	> 100	*
Sarrafo	20 a 40	20 a 100	*
Ripa	> 20	> 100	*

Medidas em milímetro
* Variável de acordo com o tipo de madeira entre 2.000 e 6.000

Além da seqüência de cortes em serrarias, um outro processo é vital para madeira no que tange sua processabilidade e seu comportamento a esforços mecânicos – a secagem. Na verdade, a secagem é iniciada a partir do momento em que as toras brutas são estacionadas nos pátios da serraria. A priori, toda madeira deveria ser secada à temperatura ambiente até o momento em que alcançasse o ponto de equilíbrio com o mesmo mas, infelizmente, este processo demanda tempo excessivo o que inviabiliza a comercialização do material. Neste sentido, a madeira geralmente é secada por processos artificiais que variam dependendo da espécie da madeira. A secagem artificial pode ocorrer por meio de ventilação simples (ventilação forçada à temperatura ambiente) ou em câmaras frias ou quentes.

Outro importante processo ao qual deve ser submetida a madeira é o tratamento contra o ataque de fungos, bactérias e insetos (que, em parte, são eliminados durante a secagem a elevadas temperaturas). Neste processo, busca-se impregnar a madeira com soluções preservantes geralmente com o auxílio de autoclaves.

■ MADEIRA MACIÇA

Neste estudo dividimos as madeiras maciças em dois grupos. O primeiro pertinente às madeiras economicamente reflorestáveis e o segundo àquelas madeiras chamadas de nativas (obtidas por exploração de florestas naturais).

É oportuno salientar que neste trabalho foram relacionados apenas 18 (dezoito) tipos de madeira, todas encontradas no Brasil, sendo 5 (cinco) provenientes de espécies reflorestáveis e 13 (treze) provenientes de espécies nativas com uso recomendado pelo Laboratório de Produtos Florestais do IBAMA.

Não foram consideradas aquelas madeiras de uso extensivo que por esta razão vêm contribuindo para exaustão das reservas bem como para dificuldade de manejos florestais adequados. Neste grupo poderíamos citar: canela, cedro, freijó, mogno, pau-ferro, pau-marfim, peroba, sucupira, vinhático, entre outras.

Em virtude da dificuldade em obter autorizações, não foi possível a disponibilização de todas imagens das espécies de madeiras aqui relacionadas que na verdade são fundamentais para o trabalho do designer mas que poderão ser adquiridas em publicações especializadas do setor.

Face as especificações e às notáveis diferenças entre as espécies de árvores/madeira, achamos conveniente ao fim desta parte disponibilizar uma tabela comparativa com valores correspondentes a algumas propriedades físicas e mecânicas das espécies aqui relacionadas.

EXEMPLO DE MADEIRAS PROVENIENTES DE REFLORESTAMENTO EXTENSIVO

Eucalipto citriodora
Ocorrência natural: Oceania
Incidência atual no Brasil: plantado vastamente em diversas regiões
Características gerais: apresenta cor castanho muito clara, textura fina, grã reversa.
Processabilidade: excelente para a serragem, aplainamento, furação, lixamento.
Aplicações: fabricação de celulose, postes, dormentes, escoras, lenhas.

Eucalipto grandis
Ocorrência natural: Africa e Oceania
Incidência atual no Brasil: plantado vastamente em diversas regiões.
Características gerais: de cor castanho claro levemente avermelhado, textura fina, grã direita, apresenta fraca resistência e pouca duração
Processabilidade: madeira boa para serrar, aplainar, tornear, lixar e furar.
Aplicações: construção civil – leve e pesada (interna e externa), embalagens, laminados e compensados em geral, mobiliário entre outros.

Grevílea robusta
Ocorrência natural: Oceania.
Incidência atual no Brasil: plantações nas regiões Sul e Sudeste.
Características gerais: coloração castanho-clara com textura média, grã reta. Requer atenção contra o ataque de fungos e cupins contra os quais apresenta média resistência.
Processabilidade: boa para faquear, desdobrar, aplainar, tornear, lixar, secar e furar.
Aplicações: utilizada para produção de lenha, compensados, dormentes e algumas peças de mobiliário, não é recomendado o uso exposta ao tempo.

Pinus eliotis
Ocorrência natural: original da Europa e parte da Rússia.
Incidência atual no Brasil: plantações nas regiões Sul e Sudeste.
Características gerais: cor amarelo-claro, textura fina, grã direita. Apresenta pouca resistência ao ataque de pragas como cupins.
Processabilidade: boa para faquer, desdobrar, aplainar, tornear, lixar, secar e furar. Fácil de impregnar agentes preservantes.
Aplicações: na fabricação de mobiliário, laminados e compensados, brinquedos, embalagens, construção civil (áreas internas) etc.

Teca

Ocorrência natural: Améria Central, Ásia e Oceania.

Incidência atual no Brasil: plantada em maior quantidade no Mato Grosso e no Pará.

Características gerais: apresenta coloração amarelo-escuro com veios, textura média, grã direita. A teca resiste bem ao ataque de pragas.

Processabilidade: boa para faquer, desdobrar, aplainar, tornear, lixar, secar e furar. Fácil de impregnar agentes preservantes.

Aplicações: fabricação de móveis, pisos, portais, janelas entre outros.

EXEMPLOS DE MADEIRAS PROVENIENTES DE EXPLORAÇÃO DE RESERVAS NATURAIS

Andiroba

Ocorrência natural: América Central e norte da América Sul.

Incidência atual no Brasil: regiões Centro-Oeste, Norte e parte do Nordeste.

Características gerais: parecida com mogno, apresenta coloração castanho-avermelhado, brilho reduzido, com grã direita (predominante) e textura média. Sua resistência ao tempo é moderada.

Processabilidade: em geral, boa, embora mereça cuidados durante a secagem.

Aplicações: móveis, compensados, embalagens, peças internas para construção civil e naval etc.

Castelo

Ocorrência natural: América do Sul e América Central.

Incidência atual no Brasil: Mato Grosso e Mato Grosso do Sul.

Características gerais: madeira de cor castanho muito claro, grã direita e textura fina. Apresenta resistência aos cupins mas é fraca ao ataque de fungos.

Processabilidade: boa para faquear, desdobrar, aplainar, tornear, lixar e furar. Sua secagem é fácil mas demanda cuidado para minimizar a presença de defeitos.

Aplicações: móveis, compensados, embalagens, peças internas para construção civil, brinquedos, cabo de ferramentas, instrumentos musicais, palitos de fósforo etc.

Goiabão
Ocorrência natural: Brasil

Incidência atual no Brasil: parte da região Centro-Oeste e região Norte.

Características gerais: madeira pesada de cor amarelada com pouco brilho, textura fina, grã direita ou reversa. Apresenta fraco desempenho ao ataque de fungos e cupins.

Processabilidade: regular para aplainar e lixar, boa para tornear e furar. Permite fácil impregnação de produtos preservantes.

Aplicações: móveis, embalagens, peças internas e externas para construção civil (com o devido tratamento), cabo de ferramentas, instrumentos musicais etc.

Ipê
Ocorrência natural: Brasil

Incidência atual no Brasil: região Norte, parte da região Nordeste e Sudeste.

Características gerais: madeira pesada de cor castanha, grã direita e textura fina. Apresenta durabilidade excelente para qualquer condição de uso.

Processabilidade: em geral difícil, embora propicie ótimo acabamento. Por ser bastante impermeável, impede a impregnação de produtos preservantes.

Aplicações: pesadas e leves para construção civil e naval, atracadores, brinquedos, artigos esportivos, móveis, assoalhos, brinquedos etc.

Jacareúba
Ocorrência natural: Brasil

Incidência atual no Brasil: região Norte, parte da região Nordeste e Sudeste.

Características gerais: madeira de cor variando de marrom-avermelhado a um avermelhado-claro, grã reversa textura e brilho médios. Apresenta resistência moderada ao ataque de fungos e cupins.

Processabilidade: razoável a boa, muito boa no que tange a fixação, fácil acabamento. Apresenta secagem e tratamento difíceis.

Aplicações: pesadas e leves para construção civil, mobiliário, assoalhos, embalagens, cabos de ferramentas, laminados e compensados etc.

Jatobá

Ocorrência natural: América Central e América do Sul.

Incidência atual no Brasil: região Norte, região Centro-Oeste, parte da região Nordeste, Sudeste e Sul.

Características gerais: madeira pesada de cor castanho-avermelhado com pequenas linhas escuras, grã reversa e textura fina.

Processabilidade: apenas razoável, muito boa no que tange ao curvamento com vapor, fixação e acabamento. Apresenta secagem fácil e tratamento difícil em função de sua impermeabilidade.

Aplicações: pesadas e leves para construção civil, laminados e compensados, móveis, dormentes, cabos para ferramentas, instrumentos musicais etc.

Louro faia

Ocorrência natural: Brasil

Incidência atual no Brasil: Amazonas

Características gerais: madeira de cor castanho-rosado "com distintas configurações dos raios que são muito largos e altos, dando a madeira um aspecto peculiar" (SOUZA, 1997), grã ondulada e textura grossa.

Processabilidade: em geral fácil de trabalhar, exige cuidados durante furação, acabamento e torneamento. Sua secagem, embora fácil, exige cuidados. Em virtude de sua impermeabilidade dificulta o tratamento.

Aplicações: móveis, folhas decorativas, cabos de utensílios em geral etc.

Macaúba

Ocorrência natural: Brasil

Incidência atual no Brasil: região Norte e parte da região Nordeste.

Características gerais: madeira de cor castanho-avermelhado, grã reversa, textura média e pouco brilho.

Processabilidade: em geral, boa para aplainar, tornear, furar e lixar, o acabamento também é fácil. Sua secagem é fácil e sem defeitos.

Aplicações: pesadas e leves para construção civil, laminados e compensados, móveis de luxo, dormentes, cabos para ferramentas, instrumentos musicais, assoalhos etc.

Marupá

Ocorrência natural: América do Sul e América Central.
Incidência atual no Brasil: região Norte, parte da região Nordeste e Sudeste.
Características gerais: madeira de cor amarelo-claro, grã direita e textura e brilho médios. Sua durabilidade é boa para aplicações protegidas da ação do tempo.
Processabilidade: em geral, muito fácil tanto manualmente como por máquinas. Sua secagem, rápida e fácil, embora sujeita a defeitos, o tratamento também é fácil.
Aplicações: leves para construção civil, laminados e compensados, móveis, brinquedos, instrumentos musicais etc.

Muiracatiara

Ocorrência natural: Brasil
Incidência atual no Brasil: região Norte, parte da região Nordeste e Centro-Oeste.
Características gerais: madeira pesada de cor castanho-avermelhado (podendo variar com o passar do tempo) e faixas marrom-escuro ou pretas. Sua grã é ondulada ou reversa, textura média a fina. Sua durabilidade é muito boa contra fungos e cupins.
Processabilidade: em geral fácil, um pouco difícil para o aplainamento e, para o caso de fixação por prego deve-se antes furar o local. Sua secagem é fácil e, por ser impermeável, não permite a aplicação de preservantes.
Aplicações: leves para construção civil, esquadrias, laminados decorativos, móveis de luxo, cabos para ferramentas e utensílios em geral, assoalhos etc.

Muirapiranga

Ocorrência natural: América do Sul e América Central.
Incidência atual no Brasil: região Norte e região Nordeste.
Características gerais: madeira de cor avermelhado-escuro, grã direita e textura fina. Sua durabilidade é muito boa contra fungos e cupins.
Processabilidade: em geral, boa, apresentando dificuldade para lixar, para o caso de fixação por prego deve-se antes furar o local.
Aplicações: construção civil (interna e externa), assoalhos, móveis de luxo, cabo de ferramentas e utensílios em geral, laminados e compensados, brinquedos, embalagens.

Roxinho

Ocorrência natural: Brasil

Incidência atual no Brasil: região Norte e parte da região Nordeste.

Características gerais: madeira pesada de cor roxa (após o corte), grã direita e textura média ou grã ondulada e textura fina. Sua durabilidade é muito boa.

Processabilidade: em geral, boa para aplainar, tornear, furar, lixar e fixar propiciando bom acabamento. Embora sua secagem seja fácil, demanda cuidados. Por ser impermeável, não permite a aplicação de preservantes.

Aplicações: construção civil e naval em geral, assoalhos, móveis de luxo, laminados decorativos, compensados, cabo de ferramentas e utensílios em geral, brinquedos etc.

Tabela comparativa com valores correspondentes

Identificação (nome comum)	Densidade Kg/cm³	Contração tangencial %	Contração Radial %	Limite de resistência (seca) kg/cm²	Módulo de elasticidade (verde) 1000kg/cm²	Compressão (axial) kg/cm²	Dureza Janka kg (verde - topo)
Eucalipto Citriodora	1,04	9,5	6,6	1238	136	640	893
Eucalipto Grandis	0,71	11,6	5,5	1085	125,8	509	580
Grevílea	0,59	7,3	2,2	623	-	289	279
Pinus Eliotis	0,48	6,3	3,4	710	65,9	321	197
Teca	0,66	4,6	2,1	936	94,9	476	571
Andiroba	0,56	8,0	3,9	1093	109	553	487
Castelo	0,66	8,4	4,4	965	98,34	458	689
Goiabão	0,74	22,6	6,49	169	172	842	768
Ipê	0,89	8,0	6,6	911	204,5	911	1194
Jacareúba	0,62	8,7	5,6	820	94,6	593	802
Jatobá	0,82	3,0	5,6	906	128	850	808
Louro Faia	0,50	7,8	1,8	1001	114	440	805
Macaúba	0,75	4,6	2,6	1146	106	681	926
Marupá	0,38	5,9	2,6	664	73	352	439
Muiracatiara	0,75	7,2	4,1	1485	115	858	789
Muirapiranga	0,73	7,8	5,3	1394	130	727	512
Roxinho	0,8-1,0	7,3	4,2	1835	176,4	1020	1774

Tabela comparativa com base em Souza (1997) e no Centro de Tecnologia Madeireira.

▮ MADEIRA TRANSFORMADA

Além da madeira maciça, outros produdos dela derivados são atualmente dominantes no mercado nacional e internacional para aplicações similares e distintas.

A maior disponibilidade destes produtos pode ser justificada, em primeira instância, pela necessidade de correções ou eliminação de possíveis problemas na qual uma mesma peça de madeira maciça pode apresentar aplicações específicas. Por outro lado, podemos afirmar que a atual demanda mundial seria praticamente impossível de ser atendida por produtos feitos em madeira maciça seja pelo lado da produtividade como pela exaustão das reservas florestais das espécies mais apreciáveis por suas características estruturais e estéticas.

Em resumo, podemos citar a existência de cinco diferentes grupos de produtos provenientes da madeira, são eles: os produtos derivados, tábuas e pranchões (já abordados na etapa anterior), os produtos derivados de laminados de madeira, os produtos derivados de fibras de madeiras e os produtos derivados de lascas de madeira. A tabela abaixo procura ilustrar de forma resumida os referidos grupos.

Geometria básica	Madeira transformada	Aplicações típicas
Tábuas e Pranchões	Peças de madeira maciça	Aplicações gerais
	Painel de madeira*	Móveis e decoração
Laminados	Compensados sarrafeados*	Móveis, divisórias, portas etc.
	Compensados de uso comum	Móveis, divisórias, carrocerias, embalagens
	Compensados estruturais	Construção civil, naval, carrocerias etc.
	Faqueados	Revestimentos decorativos
	Radcas	Revestimentos decorativos
Partículas	Aglomerados	Móveis, divisórias, etc.
Fibras	MDF	Móveis, divisórias, brinquedos, embalagens
	Papel/Papelão	Embalagens, brinquedos, pastas, cadernos
	Reconstituídos	Móveis, divisórias, brinquedos, embalagens
Lascas	OSB	Construção civil, divisórias, portas, móveis

* Utiliza sarrafos de madeira

PRODUTOS DERIVADOS DE LAMINADOS DE MADEIRA

O grupo dos derivados de laminados de madeira que compreende os laminados decorativos e os compensados, são obtidos a partir de dois processos: o faqueamento e o torneamento.

O **FAQUEAMENTO** consiste em submeter uma tora de madeira descascada (que pode ser inteira, metade ou quarto) e amolecida por vapor d'água à pressão de uma faca para obtenção de fatias/lâminas. Este processo é indicado para produção de laminados decorativos (geralmente de espessura menor do que aquelas obtidas no processo de torneamento) que normalmente são aplicados como revestimentos ou como componentes para fabricação de produtos prensados.

O **TORNEAMENTO** é direcionado à produção de laminados para fabricação de compensados e consiste em fixar uma tora de madeira inteira descascada e amolecida por vapor d'água em um torno rotativo. A partir da rotação da tora e da pressão exercida pela faca contra o sentido longitudinal da mesma, é possível obter laminados de dimensões maiores do que no processo de faqueamento.

É importante salientar que em ambos processos ocorre um maior aproveitamento da tora de madeira. A idéia do processo de faqueamento e do processo de torneamento são ilustrados nas figuras a seguir.

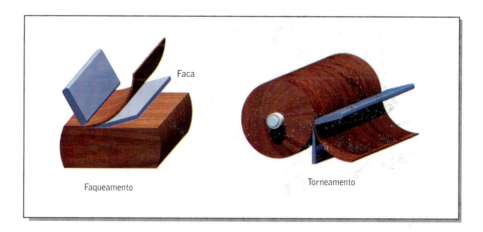

Compensado (madeira compensada)

O compensado foi idealizado com vistas a diminuir o grau de deformação que sofrem as madeiras comuns no estado plano. Compensar, aqui, significa sobrepor diversas chapas de madeira fazendo com que suas fibras fiquem dispostas perpendicularmente (90^0) entre si. Este cruzamento confere ao compensado rigidez, resistência à flexão e estabilidade dimensional pela eliminação, quase que por completo, os movimentos de dilatação e contração com a vantagem de poder utilizar praticamente todos os tipos de madeiras bem como de utilizar o alburno (da tora) que normalmente é desprezado nas peças de madeira maciça.

O número de lâminas que compõem o corpo do compensado é sempre ímpar com o objetivo de fazer com que a peça pronta apresente as duas superfícies principais constituídas por lâminas de madeiras iguais com mesmo sentido de fibras, sendo que a espessura das lâminas e o tipo de madeira poderão variar de acordo com o tipo de aplicação desejada.

Muito embora existam diferentes tipos de processos para fabricação de compensados, podemos dizer que, em termos básicos, os mais indicados são aqueles que consistem em impregnar com cola – branca ou fenólica/melamínica – as lâminas de madeira (provenientes do torneamento); montar as lâminas sobrepostas perpendicularmente; submeter a chapa a prensagem (a frio para cola branca e a quente, para cola fenólica/melamínica); e, finalmente, executar o lixamento das superfícies com intuito de conferir acabamento à peça.

Lâminas com tipo de madeira e sentido de fibras iguais

Em razão do modo como são fabricados e da possibilidade de empregar praticamente todos os tipos de madeira existentes podemos encontrar uma boa variedade de compensados inclusive tipos que empregam a madeira com diferentes formatos e posições.

Podemos classificar os compensados de duas maneiras: pela constituição física e pela aplicação.

Pela constituição física nos é indicado se o compensado é: laminado ou multilaminado, sarrafeado ou um blockboard.

Já pela aplicação podemos saber se o compensado é para uso interno, para uso intermediário ou para uso externo (considerando a presença de água e/ou elevada umidade).

Compensado laminado (ou multilaminado) comum

Confeccionados com lâminas de madeiras (nobres, não nobres ou mistas) unidas por meio de cola branca com as seguintes dimensões 2200 x 1100 mm e espessura de 4, 6, 10, 12, 14, 17 ou 20 mm. Neste grupo, o compensado feito em virola é o mais econômico e indicado para aplicações leves como prateleiras de armários. Já aqueles feitos com madeiras nobres permitem aplicações mais estruturais em mobiliário ou áreas internas.

Compensado estrutural/aplicações pesadas

Confeccionados com lâminas de madeiras (nobres, não nobres ou mistas) unidas por meio de cola fenólica ou melamínica com as seguintes dimensões 2200 x 1100 mm ou 2440 x 1220 mm e espessura 4, 6, 10, 12, 14, 17, 20, 25 mm. Estes compensados apresentam elevada resistêcia mecânica geral, resistência à água, intempéries, chama e, por solicitação prévia, podem receber tratamento contra fungos e bactérias, insetos, bem como tratamento acústico. Este grupo compreende os compensados para indústria naval (compensado naval), para indústria ferroviária (vagões etc.) e rodoviária (ônibus, carrocerias de caminhões etc.). Por serem muito caros só devem ser especificados quando as condições de uso forem extremas.

Compensado sarrafeado

Confeccionado com sarrafos de madeiras (mistas) unidos por meio de cola branca ou fenólica no miolo, revestido em cada lado por duas camadas laminares dispostas transversalmente. Este compensado apresenta as seguintes dimensões 2200 x 1600 mm ou 2750 x 1600 com opções de espessura de 15, 18, 20, 25 e 30 mm. Este grupo de compensados pode ser adquirido com ou sem acabamento com lâminas de madeiras nobres (mogno, marfim, sucupira etc.), sendo geralmente indicado para fabricação de portas para construção civil, porta de móveis, estantes etc. O material também pode ser encontrado em dimensão padrão, já cortado e com as bordas forradas com o mesmo laminado da superfície (por exemplo, para o caso de porta de armários).

Compensado blockboard

Confeccionado com lâminas de madeira na forma de tiras dispostas perpendicularmente em relação às duas lâminas de revestimento similares às do compensado sarrafeado. A disposição e a espessura das lâminas que compõem o miolo deste compensado contribuem de forma efetiva para impedir empenos, sendo, neste aspecto, o melhor compensado para fabricação de portas de móveis e demais componentes que exijam, além de elevada resistência ao empeno, uma ótima estabilidade dimensional. Este tipo de compensado pode ser adquirido com ou sem acabamento com lâminas de madeiras nobres (mogno, marfim, sucupira etc.)

Lâminas montadas no sentido vertical

OBSERVAÇÕES

a) Poderão ser encontrados compensados com outras dimensões diferentes das aqui relacionadas;
b) Embora as dimensões estejam expressas em milímetros, a unidade mais comum empregada no mercado para compensados é o centímetro;
c) A nomenclatura empregada para compensados pode variar de acordo com a região ou fabricante.

Processo envolvendo compensado

O compensado, por ser um material plano, propicia corte fácil contudo não é recomendável submetê-lo ao lixamento excessivo, desengrosso, desempeno, para o não comprometimento de sua estrutura (por eliminar trechos das lâminas de madeira que o constitui). Dependendo do tipo e da espessura, a dobradura é apenas razoável mas, possível.

A fixação mecânica é fácil (sempre que possível no sentido transversal do laminado), por meio de cola ou adesivo é ruim e desaconselhável se localizada em região específica de sua superfície (por apresentar baixa resistência à tração perpendicular à superfície).

PARTÍCULAS

Madeira aglomerada

Material composto feito a partir das partículas do tecido lenhoso que são tratadas e reaglomeradas pela adição de resinas sintéticas termofixas (fenol-formaldeído, uréia-formaldeído ou uréia-melamina-formaldeído) e ação de pressão e calor.

A madeira aglomerada, ou simplesmente aglomerado, foi e ainda é um importante material no que concerne ao aproveitamento econômico da madeira, redução do emprego de madeiras nativas e na modernização e produtividade das indústrias moveleiras no Brasil e no mundo.

Características gerais: material plano dotado de excelente estabilidade dimensional, muito resistente a empenos (o empeno pode ocorrer em peças de dimensões grandes, pela submissão do material a aplicação de acabamentos com auxílio de calor etc.), densidade inferior às madeiras mais pesadas, muito hidroscópico (elevada absorção d'água) tendendo a inchar em ambientes excessivamente úmidos — embora existam opções com melhor desempenho como no caso de quando é fornecido já com revestimento em ambas as faces.

O aglomerado pode ser encontrado em dimensões variadas de acordo com o fabricante. A título de exemplo, podemos citar: 2600 x 1830 mm x espessura na faixa de 10, 12, 15, 18 mm (para móveis) e 24, 32, 40 (para painéis e divisórias). Existem opções de espessura menor em torno de 2100 x 1830 mm x espessura de 2, 3, 4 ou 6 mm. A densidade tende a ser maior nos aglomerados de espessura menor e vice-versa — isso ocorre em virtude da necessidade de tornar os materiais de espessuras menores mais estáveis e, as opções de espessura maior (24, 32 e 40 mm), mais leves.

Além da espessura, o aglomerado pode ser adquirido com ou sem acabamento superficial (que melhora seu desempenho contra umidade e mofo) com diferentes tipos de material ligante (resinas).

Por melhor que seja a intenção dos fabricantes, é recomendável procurar "encapsular" totalmente o material com algum tipo de revestimento ou selador antes da montagem da peça.

Aplicações: predominante para a fabricação de móveis modulares residenciais ou de escritórios, divisórias; pois permitem a aplicação de revestimentos (laminados de madeira ou melamínicos).

Processos: material fácil de cortar por máquinas ferramentas (desaconselhável para trabalho manual), razoável para usinar e tupiar, impossível de curvar, sendo desaconselhável o uso de lixas. Na verdade, durante o trabalho executado sobre o aglomerado, deve-se sempre estar atento à possibilidade de desprendimento das partículas de madeira.

O material permite pintura e revestimento melamínico ou laminados de madeira (que devem ser aplicados em todas as faces).

Sua fixação por cavilhas, parafusos e pregos é aparentemente fácil mas é crítica e, merece cuidados especiais, principalmente quanto a posição, profundidade e distanciamento entre os pontos. Por ser um material resistente ao empeno, é muito utilizado em portas de armários, aplicação esta em que é severamente comprometido pelo esforços excessivos na região das dobradiças.

FIBRAS

Medium Density Fiberbord – MDF

O MDF, sigla de "Medium Density Fiberboard" (painel de fibras de madeira de densidade média), é um material fabricado a partir das fibras das partículas do tecido lenhoso que são tratadas e reaglomeradas pela adição de resina sintética uréia-formaldeído e parafina sendo, posteriormente, submetido à ação de pressão e calor.

A exemplo do aglomerado, o MDF também é um importante material no que concerne ao aproveitamento econômico da madeira, redução do emprego de madeiras nativas e na modernização e produtividade das indústrias moveleiras no Brasil a partir da década de 80 (nos países do 1º mundo sua utilização já vinha ocorrendo há mais de 40 anos). Desde então, vem gradativamente substituindo o aglomerado por seu desempenho superior, todavia, seu custo ainda é um fator impeditivo para a maioria das aplicações nas quais o aglomerado se faz presente.

Características gerais: material plano dotado de excelente estabilidade dimensional, muito resistente a empenos (o empeno pode ocorrer em peças de dimensões grandes, pela submissão do material a aplicação de acabamentos com auxílio de calor etc.), sua densidade varia de acordo com o tipo (0,60 g/cm^3, 0,74 g/cm^3 – mais comum – e 0,90 g/cm^3), muito hidroscópico – tendendo a inchar em ambientes excessivamente úmidos – embora existam opções com desempenho superior.

O MDF pode ser encontrado em dimensões que apresentam pequenas variações de fabricante para fabricante, a priori as chapas podem ser classificadas pela espessura, sendo finas aquelas que vão de 2 a 6 mm (para fechamento de móveis, fundos de gavetas etc.); médias, as compreendidas entre 7 e 30 mm (para aplicações típicas) e grossas as que vão de 30 a 60 mm (para trabalhos que exijam torneamento). O Fibro Fácil*, por exemplo, apresenta as seguintes medidas: 2600 x 1830 mm x espessura na faixa de 4, 5,5, 9, 12, 15, 18, 20 e 25 mm de 2400 x 2100 mm com espessura de 3 mm. O MDF pode também ser adquirido com revestimento melamínico em um ou em ambos os lados da chapa.

Um aspecto do MDF merece destaque: o excelente acabamento depois de trabalhado. Sua aceitação em trabalhos de usinagem, mesmo com riqueza de detalhes é muito boa, a pintura, quando adequada, tambem é excelente.

Aplicações: mobiliário em geral principalmente portas, tampos de mesa, gavetas etc., brinquedos, displays, divisórias etc.

Processos: material fácil de cortar, furar, lixar por máquinas ferramentas (salvo pequenos lixamentos, é desaconselhável para trabalho manual), excelente para usinar (superior a qualquer madeira ou derivados).

Muito embora alguns fornecedores e marceneiros indiquem a possibilidade de, com auxílio de calor, curvar o MDF, a princípio este trabalho é desaconselhável (principalmente pela possibilidade de comprometer a integridade de sua estrutura).

---

* Nome comercial do fabricante de MDF

O material permite excelente pintura e aplicação de revestimento melamínico ou laminados de madeira desde que sejam aplicados em ambas as faces.

Sua fixação pode ser executada por meio de cavilhas, parafusos e pregos (desde que atendam as recomendações dos fabricantes quanto ao tipo, a posição, a profundidade e o distanciamento entre os pontos.

Madeira reconstituída

Material feito das fibras provenientes do tecido lenhoso – partículas desfibriladas – que são tratadas e reaglomeradas com vapor e alta pressão por autoclave. Para ligadura do material podem ser utilizadas resina sintética termofixa ou a apenas a lignina contida na madeira original. O nível de pressão empregado durante o processo é determinante para obtenção de um material mais rígido e denso.

Características gerais: apresenta boa resistência mecânica, de forma marcante à flexão e homogeneidade, sendo muito conhecido pelos nomes comerciais de CELOTEX, EUCATEX e DURATEX, podendo ser encontrado com as seguintes dimensões 2750 x 1220 mm com espessura mais comum de 2,5 e 3,0 mm. Em virtude de sua aparência castanho-escuro, sem brilho e de seu fraco desempenho em contato com água, os fabricantes oferecem opções com acabamento em uma das faces.

Aplicações: bastante utilizado na indústria moveleira, brinquedos, artigos escolares e de escritório, divisórias/ forros para estandes, ônibus, revestimentos temporários, entre outros.

Processos: permite corte, lixamento e curvamento muito fáceis. Pode ser pintado ou revestido (verificar recomendações com fabricante). Sua fixação é fácil porém merece cuidados principalmente aquelas do tipo puntual (que requeiram parafusos, rebites).

OBSERVAÇÃO

Embora tenhamos empregado o termo "madeira reconstituída" somente aqui, podemos dizer que tanto o aglomerado como o MDF também são considerados como madeiras reconstituídas.

LASCAS

Oriented Strand Board – OSB

Material plano formado pela aglomeração de camadas de lascas ou fragmentos laminares de madeira reflorestada unidas por meio de colas à base de resina fenólica, uréia-formol e melamina sob a ação de temperatura e pressão. A aparência diferenciada de sua superfície e seu custo em relação ao aglomerado e outros laminados é um atrativo à parte deste material que não é fornecido com revestimentos tradicionais.

Características gerais: apresenta boa resistência mecânica, de forma marcante contra impactos, bom isolante térmico e acústico, boa resistência ao fogo, podendo ser encontrado nas seguintes dimensões: 2440 x 1220 mm nas espessuras de 6, 10, 15, 18 e 20 mm.

Aplicações: indústria de construção civil como paredes e forros e base para aplicação de carpetes e tapumes, em carrocerias de caminhões, embalagens, displays, na indústria de móveis como estrutura de móveis, sofás entre outros, decoração etc.

Processos: permite ser cortado e trabalhado praticamente da mesma forma que a madeira sólida recomendando-se apenas que as ferramentas de corte sejam bem afiadas para evitar a fragmentação das lascas de madeira. Embora seja bastante empregado como estrutura sendo, por esta razão, sempre recoberto por algum material de revestimento, o OSB pode ser utilizado como material de acabamento em virtude dos desenhos formados pela sobreposição de diferentes padrões da madeira. O OSB permite fácil fixação.

PROCESSOS ENVOLVENDO
MADEIRA MACIÇA E DERIVADOS

Os processos de fabricação aqui podem ser abordados como aqueles que trabalham com a madeira no estado maciço e aqueles relativos aos materiais considerados planos (materiais compostos e demais derivados).

Assim sendo, falaremos dos dois casos separadamente tomando como base a seqüência de operações executada sobre a matéria-prima comum dentro da linha de produção típica de indústrias de setores de grande consumo, seja de madeira maciça ou de material plano, como é o caso da indústria moveleira e de brinquedos (muito embora não seja impossível encontrar empresas que trabalhem com os dois grupos de forma simultânea ou não).

É oportuno salientar que aqui os processos serão abordados de forma bem particular e diferente dos demais materiais citados neste trabalho, em virtude das diferenças significativas e das limitações específicas deste grupo de materiais.

O primeiro caso diz respeito às indústrias que operam com madeira maciça, está cada vez mais escassas no mercado principalmente pela dificuldade de obtenção de matéria-prima, pela falta de profissionais especializados ou pelos custos elevados.

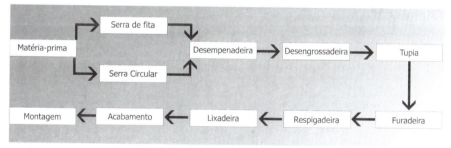

Seqüência teórica do trabalho sobre madeira sólida dentro de uma marcenaria

As indústrias típicas do setor adquirem a madeira maciça na forma de pranchões (ou pranchas) que são armazenados em local apropriado (longe da ação do tempo e da umidade). O início do processo implica em operações de cortes previamente estudados de maneira que haja o menor desperdício possível. Esses cortes são executados por serras de fita e/ou serras circulares, sendo a primeira indicada para cortes menores e mais complexos (com constantes

mudanças de direção, por exemplo) propiciados pela forma de fita e pela posição relativa ao material durante o corte. A serra circular é indicada para execução de cortes maiores, contínuos e precisos em peças de madeiras mais espessas do que aquelas trabalhadas na serra de fita. O nome circular deriva do formato em disco da serra, salientando que a mesma existe na forma de bancada (como ilustrado) ou de mão.

É comum que as peças cortadas de madeira requeiram pequenas correções quanto a empenos e/ou dimensionamento que podem ser executados pela desempenadeira e pela desengrossadeira.

Exemplo de serra circular

Na primeira, o material é submetido a passagem por um rolo composto por facas disposto transversalmente à passagem do material que em alta rotação desbasta as eventuais saliências do material. A desengrossadeira propicia a obtenção da espessura desejada para a peça de madeira principalmente se existir a necessidade posterior de encaixes precisos.

111

Um outro equipamento que desempenha um importante papel neste tipo de indústria é a tupia, que permite a obtenção de desenhos nos bordos dos materiais planos ou maciços muito empregados na fabricação de tampos em geral de peças de mobiliário, moldura de portas, molduras de quadros, perfis de acabamentos etc., conforme ilustrado abaixo.

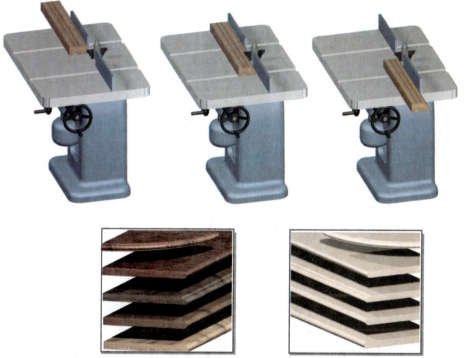

Diferentes desenhos de bordas de acabamento de tábuas de madeira e de placas de MDF

Neste ponto, as peças de madeira podem então ser submetidas a processos envolvendo furadeiras, tupias e respigadeiras. No primeiro caso, podemos apontar a furadeira vertical de bancada simples como a mais utilizada em marcenarias (embora existam outros tipos) não somente para a evidente tarefa de perfuração por brocas como aquelas feitas por serras-copo, além de lixamentos entre outras. Um outro tipo de de furadeira que merece destaque é a horizontal que permite que a abertura de furos redondos ou oblongados em regiões das peças de madeira que seriam praticamente impossíveis de serem executados por uma furadeira vertical, por exemplo.

detalhe de uma furadeira horizontal

A respigadeira tem a função de produzir simultaneamente a respiga e seu respectivo encaixe (negativo) sistema que ainda é bastante empregado para fixação de elementos de diversos produtos. As peças prontas estão ilustradas adiante.

Posteriormente, temos a necessidade de lixamento para retirada de pequenas farpas geradas pelas operações anteriores. Neste sentido, podemos empregar lixadeiras horizontais, de disco ou até mesmo manuais dependendo da geometria da peça. As operações de lixamento são decisivas para que a peça possa ser submetida a aplicação de acabamento superficial como seladoras e vernizes fundamentais para a aparência e a preservação do material.

O segundo caso diz respeito às indústrias que operam com material plano, que predominam no Brasil e no mundo, haja vista a facilidade de obtenção da matéria-prima básica (madeira de pinus ou de eucalipto), a padronização de especificação do material e acessórios (tipos, acabamentos, preço, dimensões etc.). Além disso, temos um custo inferior se comparado aos relativos a madeira maciça e uma significativa redução nas operações industriais necessárias para obtenção de um produto. Em contrapartida existe uma considerável limitação formal imposta pela geometria e pela característica do material. A seqüência básica das operações neste tipo de indústrias está resumida no quadro a seguir.

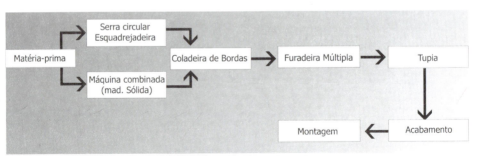
Seqüência teórica do trabalho sobre materiais planos (mdf, aglomerados etc.)

A exemplo das marcenarias tradicionais, aqui a seqüência de operações é iniciada com o corte do material executado por máquinas específicas como as esquadrejadeiras/seccionadeiras e as máquinas combinadas.

O primeiro grupo corresponde a equipamentos nos quais os cortes são executados por um tipo de serra circular que garante a perpendicularidade entre eles. A maioria dos equipamentos são de controle numérico e operam com plano de corte previamente determinado.

Se não tiver sido adquirido originalmente com revestimento decorativo, o material cortado poderá ser revestido por faqueados de madeira ou laminados plásticos. Dependendo do produto poderá ser necessária a aplicação de perfil ou fita plástica nos bordos do laminado.

Esta aplicação é executada pela chamada coladeira de bordos. A partir deste ponto o material é preparado para montagem com a execução de perfurações executadas por furadeiras múltiplas por meio das quais podem ser executados diversos furos simultaneamente com passo (distância entre furos) normatizada em valores múltiplos de 32 mm e diâmetro em torno de 5 mm.

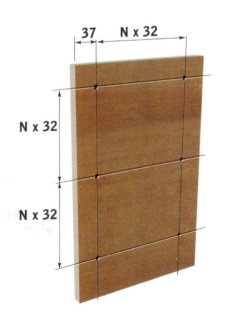

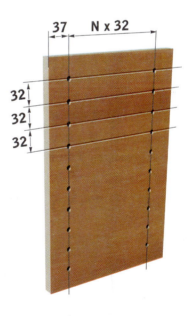

Os materiais planos podem também ser perfurados por furadeiras verticais de bancada dependendo do regime de trabalho e o tipo de produto fabricado. Poderá ocorrer, além disso, a necessidade do emprego de tupias para confeccionar bordos arredondados ou de outros formatos.

Os processos de melhoria de materiais planos derivados de madeira que ocorrem no final de uma linha de produção típica são apenas complementares envolvendo aplicação de verniz, pequenos revestimentos, fixação de ferragens, perfis de acabamento etc. Em alguns casos específicos de uso de MDF, como na fabricação de brinquedos e de móveis, podemos lançar mão de pintura, haja vista a uniformidade das superfícies do material.

A união de peças de madeira maciça e/ou seus derivados planos pode ser conseguida por meio mecânico ou de adesivos.

No caso da madeira maciça, os sistemas mecânicos podem envolver, pregos, parafusos, grampos ou sistemas de encaixes específicos desta família de materiais.

O parafuso para madeira são chamados de "parafuso de rosca soberba" que tem o corpo cilíndrico afinando na ponta, é destinado a madeiras mais macias ou levemente duras. Já aquele destinado a madeiras mais duras tem seu corpo levemente cônico. Durante sua fixação, estes parafusos vão abrindo caminho no corpo do material empurrando as fibras de madeira que por sua vez tendem a atuar sobre o corpo do parafuso propiciando uma perfeita ancoragem. Versões mais atuais de parafusos para a madeira têm seu desenho mais afilado com fendas maiores para facilitar sua penetração e melhorar sua fixação.

Os parafusos de rosca métrica, máquina ou correlatos também podem ser utilizados na união de peças em madeira, sempre com o auxílio de porcas e arruelas para a garantia de uma fixação segura como requerem os elementos estruturais de mesas e camas.

Em alguns produtos de madeira, a união mecânica é feita por meio da própria madeira sendo a cavilha e a respiga os sistemas mais conhecidos. A cavilha é uma peça de madeira (ou plástico), de pequenas dimensões, cilíndrica e com estrias que é aplicada sob pressão em rebaixos cilíndricos das peças a serem unidas conforme desenho abaixo. A fixação por cavilha poderá ser auxiliada pelo uso de cola branca.

O sistema de respiga corresponde a uma peça com o formato de um macho de formato oblongado e outra peça com o rebaixo negativo deste (fêmea) que são encaixados levemente sob pressão. Este sistema tem como vantagens: elevada resistência mecânica, estabilidade da fixação e do conjunto, precisão de montagem. Dependendo do produto, podemos empregar colas e parafusos para complementar e reforçar a fixação.

Há algum tempo, podemos encontrar no mercado inúmeros tipos de ferragens destinadas principalmente à montagem de produtos feitos de materiais planos com destaque para o aglomerado e o MDF. Estes elementos de fixação propiciam a fixação de peças em diferentes situações podendo ser encontrados em abundância em produtos da indústria moveleira.

Os adesivos para união de peças em madeira podem ser classificados por sua composição química ou pelo regime de trabalho a que o produto será submetido. Aqui, citaremos exemplos de alguns produtos mais utilizados e suas aplicabilidades, como por exemplo:

- O adesivo PVA, também chamado de cola branca, desponta neste ramo em volume consumido. Essa preferência é justificada pelo custo acessível, facilidade de manuseio e sua versatilidade para colagem de qualquer tipo de madeira, e de seus derivados, em praticamente todos os processos/sistemas de colagem conhecidos (a frio, a quente, entre outros);
- Os adesivos à base de uréia-formol são empregados na fabricação de portas e divisórias de madeira conferindo ao conjunto bastante rigidez quando curado.

A união de materiais planos derivados de madeira também pode ser mecânica ou com adesivos.

Os sistemas mecânicos podem envolver, pregos, parafusos, grampos ou de sistemas de encaixes específicos desta como cavilhas e respigas.

No campo dos adesivos, além do PVA e do Uréia-formol, podemos citar os de contato e os de silicone que apresentam elevado desempenho quanto à resistência química (água, óleos, oxidações etc.).

Independente do sistema de fixação podemos afirmar que a constituição dos materiais planos demandam cuidados que deverão sempre ser levantados junto aos respectivos fabricantes.

Os processos de melhoria/acabamento para peças em madeira maciça envolvem aplicação, manual ou com auxílio de equipamentos, de algum tipo de substrato em suas superfícies. Esses substratos, que podem ser fundos, seladoras, tintas ou vernizes, não têm apenas uma função decorativa mas também prática como, por exemplo, na formação de película protetora que protege o material da ação do tempo, pragas, umidade etc.

Os acabamentos com base poliéster foram os primeiros desenvolvidos com a função de verniz conferem à peça brilho (vitrificado), resistência química e ao risco, em contrapartida apresenta custo superior aos demais tipos.

Os acabamentos com base nitrocelulose são ainda muito utilizados em virtude da facilidade de aplicação e do seu tempo reduzido para cura, o que contribui para torná-lo muito barato em comparação aos outros tipos. Em contrapartida apresentam pouca resistência química e ao risco, além de não permitir alcançar qualquer tipo de brilho.

Os acabamentos com base poliuretano são atualmente os mais utilizados pois permitem facilidade de aplicação com a vantagem de garantir excelente brilho, elasticidade, fechamento de poros da madeira, além, do considerável desempenho quanto à resistência química.

Industrialmente todos os produtos são aplicados por pulverização, em equipamentos automáticos ou manualmente com uso de pistola.

O acabamento de produtos planos pode ser feito com a aplicação de materiais de revestimento superficial feitos de melamina, PET, PVC, entre outros. Estes revestimentos podem ser aplicados sobre o material plano ou mesmo ser adquirido a este já aplicado (como ocorre na maioria das indústrias). É importante salientar que em algumas situações estes revestimentos são fundamentais para a conservação do material plano como é o caso do aglomerado.

Além de cortes, perfurações e usinagens, a madeira poderá ser submetida a processos de conformação para que possa ganhar diferentes geometrias e, desta forma desempenhar de forma mais apropriada as funções quais tenha sido especificada – como ocorre com a estrutura de muitos modelos de cadeiras, sofás, entre outros. Nesses processos, que normalmente envolvem a ação de calor, umidade e compressão executados por prensas manuais ou hidráulicas, utilizamos a madeira maciça ou laminado de madeira.

O aglomerado, o OSB e o MDF não podem (ou pelo menos não devem) ser submetidos a estes processos.

A título de ilustração exemplificaremos este tipo de conformação pelo processo de moldagem de laminados de madeira que consiste em:

- Estabelecer um plano de corte;
- Cortar as lâminas de madeira tantas quantas forem especificadas;
- As lâminas de madeira são, então, coladas uma sobre a outra;
- Logo após a colagem, o material é posicionado em um molde bipartido sendo então aquecido, para poder ser comprimido e conformadocomo se deseja;
- Posteriormente o material moldado tem, se necessário, seu perímetro acertado/corrigido;
- Podendo ser, então, submetido a aplicação de verniz.

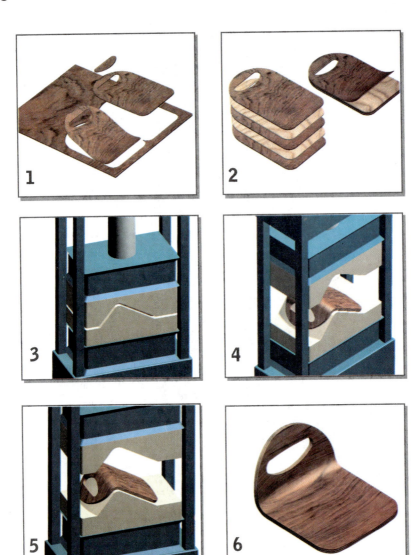

ARBOFORM® POLÍMERO DE LIGNINA

Características gerais: polímero natural à base de lignina (proveniente da celulose) que se comporta como termoplástico durante o processo de injeção guardando diferentes características da madeira. O material pode ser reciclável como também incinerado sem emissão extra de CO_2. Custo aproximado ao dos plásticos de engenharia como Poliacetal por exemplo.

Propriedades genéricas: boa resistência à compressão e flexão, bom isolamento elétrico, acústico e térmico. Baixo coeficiente de dilatação linear.

Densidade: 1,3 a 1,48g/cm³.

Aplicações: acabamento para interiores de automóveis, componentes para indústria de móveis, produtos eletrônicos, eletrodomésticos, brinquedos, bijouterias, cosméticos, embalagens, instrumentos musicais etc.

Processos: injeção (ver processo de injeção de termoplásticos).

O Arboform* antes de ser injetado

Cabos envernizados

Aparência do material envernizado (1º plano) e natural

Aplicação em embalagem de jóas

* Aborform é marca da empresa Tecnaro

CERÂMICOS
MATERIAIS E PROCESSOS

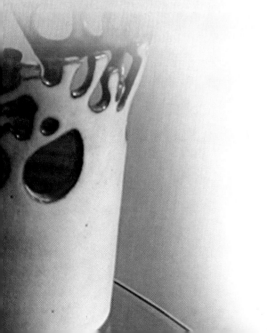

CAPÍTULO V

CERÂMICOS

Introdução

Cerâmicas vermelhas

Cerâmicas brancas

Fritas e vidrados

Vidros
- Boro-silicato
- Sílica-cal-solda
- A cor dos vidros
- Plumbado ou ao chumbo
- Fibra de vidro

Processos para obtenção de peças cerâmicas
- Extrusão
- Prensagem a seco
- Conformação de massas plásticas moles (torno miller)
- Colagem ou fundição

Processos para obtenção de peças em vidro
- Prensagem
- Sopro
- Vidros planos

INTRODUÇÃO

Cerâmicas são materiais inorgânicos não metálicos, resultante do aquecimento, a altas temperaturas (a partir de 1000°C), da mistura de matérias-primas como argila, caulim, feldspato, quartzo e alguns óxidos metálicos como a alumina.

Em geral, as peças em cerâmica são duras, extremamente resistentes à compressão, à corrosão de agentes químicos, são também notáveis isolantes elétricos, térmicos e radioativos e plenamente adequadas ao uso em elevadas temperaturas (dependendo do tipo, pode suportar até 1500°C ou mais).

Em contrapartida, os materiais cerâmicos são, geralmente, sensíveis ao impacto (em virtude de sua elevada dureza) sendo por esta razão quebradiços, dotados de superfície porosa, de limitada resistência à tração, além de apresentarem limitações para configuração geométrica das peças em função das elevadas temperaturas as quais são submetidas durante o processo.

O uso da cerâmica é milenar tendo sido empregada, no início, para fabricação de tijolos, casas populares, vasos e outros utensílios em argila (o que de certa forma até hoje ocorre em diversas regiões do planeta). Atualmente, o universo dos materiais cerâmicos é bastante diversificado tanto em relação aos tipos existentes quanto pela possibilidade de aplicações – objetos de decoração e utensílios domésticos, cadinhos e revestimento de fornos para siderurgia e fundição, mancais, pistões e hélices de turbinas de motores, próteses dentárias, conjuntos elétricos e eletrônicos, componentes para indústria aeroespacial etc. Este caleidoscópio de aplicações é conseqüência da possibilidade de obtenção de cerâmicas com diferentes composições que podem variar quanto aos tipos, a quantidade de elementos utilizados na mistura como também pela a forma de tratamento térmico.

As duas formas mais importantes para classificar os materiais cerâmicos são: pelo grau de vitrificação e pela aplicação do produto final. Na classificação a partir do grau de vitrificação as cerâmicas podem ser: brancas, estruturais, refratários, esmaltes e vidros (BRALLA, 1998). De acordo com a Associação Brasileira de Cerâmica a classificação pela aplicação final subdivide os materiais cerâmicos nos seguintes grupos: cerâmica vermelha, materiais de revestimentos, cerâmica branca, refratários, isolantes térmicos, cerâmicas avançadas, fritas e corantes, vidros – cimento e cal e abrasivos.

As cerâmicas vermelhas, também conhecidas como produtos estruturais, correspondem ao grupo que envolve os tijolos, telhas, encanamentos e correlatos.

Os materiais de revestimento compreendem as placas cerâmicas como lajotas, azulejos, porcelanatos entre outros.

As cerâmicas brancas correspondem ao grupo que envolve de forma marcante as louças sanitárias e as porcelanas.

Os refratários incluem os blocos, tijolos, argamassas e argilas isolantes de elevada resistência ao calor.

Os isolantes térmicos muito empregados em fornos industriais, proteção de motores e altos-fornos são encontrados geralmente na forma de fibras.

As cerâmicas de alto desempenho confeccionadas a partir de materiais sintéticos de elevada pureza são destinadas a aplicações muito restritas como para indústria aeroespacial, biomédica, eletrônica, entre outros.

As fritas e corantes (também chamados de vidrados) corresponde ao grupo direcionado ao revestimento de peças cerâmicas formando sobre estas uma fina camada vítrea. Já, em peças metálicas estes produtos são chamados de esmaltes cerâmicos (enamels) que se destinam, da mesma forma que nos materiais cerâmicos, à proteção e acabamento superficial.

Os vidros (bem como o cimento e cal) envolvem grupos de elevada importância industrial e econômica muito embora, por suas especificidades, sejam em geral tratados separadamente dos materiais cerâmicos.

No Brasil, a atividade do setor cerâmico é bastante expressiva, haja vista a abundância de matéria-prima, a presença de fabricantes de materiais sintéticos (com destaque para alumina) e a disponibilidade de energia demandada pelo setor. Neste âmbito destacam-se as indústrias de cerâmica vermelha, materiais de revestimento, louças sanitárias, louças de mesa, cerâmicas artísticas (decorativa e utilitária), cerâmicas técnicas e isolantes térmicos. A maioria concentrada nas regiões Sudeste e Sul.

De modo geral, a obtenção de produtos cerâmicos é fruto do processo iniciado pela extração de material argiloso de jazidas previamente selecionadas com base na análise da composição do solo que, em última instância, determinará a serventia do material. Após a extração, a argila é submetida a um tratamento prévio que envolve diversas etapas como a depuração (eliminação de impurezas da mistura), a divisão (redução do material a pequenos fragmentos por meio de trituração e moagem), a homogeneização (mistura da argila, desengordurantes e outros elementos com água em proporções rigidamente controladas) e o controle de umidade (feito de acordo com a cerâmica desejada — maior quantidade de água para cerâmicas finas e menor quantidade de água para cerâmicas mais estruturais). A partir deste ponto, dependendo do processo e da peça a ser obtida, a matéria-prima pode ser secada, umedecida ou misturada em água com vistas a conformação desejada. Na última etapa do processo, a peça conformada é secada e queimada podendo ou não ser submetida a aplicação de acabamento superficial ou pequenas usinagens.

Conforme citado anteriormente, para fabricação de um produto cerâmico é necessário preparar uma massa com diferentes elementos. Esta massa pode ser considerada natural (argilas, a dolomita, o feldspato, o fílito, a grafita, o quartzo etc.) ou sintética (alumina e seus derivados, carbeto de silício, magnésia, óxido de zinco etc.).

Em geral a massa destinada à fabricação de peças cerâmicas são compostas por matérias-primas plásticas e matérias-primas não-plásticas.

As matérias-primas plásticas são assim designadas por propiciar maleabilidade a massa (mistura) durante o processo, são elas: as argilas e os caulins. As argilas "são silicatos de alumínio hidratados" [...] "contendo principalmente óxidos de silício (sílica, SiO_2), além de água e quantidades menores de óxidos de outro metais." (MANO, E. 1991) assim sendo elas propiciam a facilidade de modelagem, moldagem ou conformação da massa, bem como para o desempenho da resistência mecânica da peça antes e durante a queima.

Já as matérias-primas não-plásticas têm como função propiciar impermeabilidade e acabamento à peça. Neste grupo estão incluídos os seguintes elementos: filitos, feldspato e o quartzo. Os filitos promovem a aparência de vidro à peça pronta. Os feldspatos reduzem o ponto de fusão da mistura e os quartos favorecem a queima do material. As matérias-primas não-plásticas atuam principalmente na fase térmica (queima) e na secagem da peça, controlando as transformações da mistura ao longo processo.

Neste trabalho serão abordados alguns aspectos relativos às cerâmicas vermelhas, às cerâmicas brancas e os vidros (que serão tratados separadamente).

CERÂMICAS VERMELHAS

Características: as cerâmicas vermelhas são produzidas com argilas "magras" e "gordas". As argilas magras, constituídas substancialmente por quartzos, apresentam baixa plasticidade e, as argilas gordas apresentam elevada plasticidade por sua constituição e teor de umidade. A coloração avermelhada é decorrente da presença de óxido de ferro em sua composição. Em geral as cerâmicas vermelhas são muito porosas, o que embora não comprometa as aplicações leves demanda maior compactação da mistura com objetivo de melhorar a resistência geral principalmente para os blocos estruturais como os tijolos.

Propriedades genéricas: alta porosidade, absorção d'água, baixa resistência ao impacto, boa resistência a altas temperaturas, boa resistência à compressão, elevada resistência a choques térmicos, baixa expansão térmica, elevado módulo de elasticidade, elevada resistência a produtos químicos, bom isolante elétrico.

Densidade: variável de acordo com o tipo de composição e compactação;

Aplicações: peças estruturais como tijolos, telhas, blocos, blocos destinados ao processo de prensagem úmida, telhas, tubos, vasos e outras peças decorativas, argilas expandidas.

Processos mais indicados: extrusão (principal), prensagem úmida, e tornearia de vasos.

CERÂMICAS BRANCAS

Este grupo que compreende os grês sanitários, as porcelanas de mesa e elétricas como também as cerâmicas artísticas, pode ser classifica de acordo com a porosidade que está diretamente associada ao tipo de queima a que as matérias-primas foram submetidas, são elas: porcelanas, grês e louças.

As porcelanas são as que apresentam menor grau de porosidade (quase não absorvem

água) sendo as mais comuns obtidas a temperaturas de queima que variam entre 1200°C e 1400°C o que contribui para que o material vitrifique por completo obtendo uma aparência translúcida.

Os grês apresentam porosidade um pouco superior à da porcelana e, por esta razão, uma absorção muito baixa que pode chegar a 3% de sua extensão e, de acordo com a aplicação final podem necessitar de tratamento superficial vitrificado.

As louças são as mais porosas com absorção superior a 3% como algumas louças sanitárias que podem chegar a níveis de absorção da ordem de 15% a 20%, têm um período de queima mais curto e, pela natureza de sua utilização necessitam de revestimento superficial.

A diversidade das cerâmicas incluídas neste grupo é realmente grande. No grupo das porcelanas, por exemplo, temos a elétrica (isoladores), a de ossos, a negra, a marfim, a rosa, entre outras.

A argila empregada para obtenção de cerâmicas brancas apresenta níveis de óxido de ferro muito inferior às cerâmicas vermelhas, e apresenta elevada plasticidade em relação às argilas comuns sendo também chamadas de "ballclay". Elas concorrem diretamente para plasticidade da mistura durante a secagem, contribuindo para a resistência à contração e deformação da peça. Os caulins, que também são tipos de argilas, são dotados de excelente resistência a altas temperaturas sob a ação das quais não sofrem alterações.

Propriedades genéricas: respeitando as variações de desempenho que as diferentes cerâmicas deste grupo apresentam, podemos destacar:

Grês sanitário – relativa resistência ao impacto, elevada resistência a produtos químicos;

Porcelanas – elevada dureza, resistência a altas temperaturas, elevada resistência a choques térmicos, baixa expansão térmica, elevada resistência a produtos químicos, bom isolante elétrico (e radioativo em alguns casos – dependendo da composição);

Louças – resistência a altas temperaturas, elevada resistência a choques térmicos, baixa expansão térmica, resistência a produtos químicos.

Densidade: entre 2,4 e 2,8 g/cm3 (valores aproximados).

Aplicações: é associada à composição da matéria-prima básica, como por exemplo: louças sanitárias (vasos, bidê, pias etc.), porcelanas ou louças de mesa (jogos de chá, café e jantar – pratos, baixelas etc.), entre outras.

Processos mais indicados: depende do nível de umidade e dos componentes da mistura, podendo ser prensagem seca, prensagem úmida, extrusão, colagem ou fundição, modelagem artística entre outros.

FRITAS/VIDRADOS

Vidrado ou esmalte cerâmico corresponde a uma camada fina e contínua de vidro aplicada sobre a superfície de um corpo cerâmico com vistas a sua impermeabilização e melhoria estética. Segundo NORTON (1973) "o vidrado é, geralmente aplicado como uma suspensão em água dos ingredientes que entram em sua composição, a qual seca formando uma camada sobre a superfície da peça. Na queima, os ingredientes reagem e fundem-se para formar uma camada fina de vidro. O vidrado pode ser" [cozido] "simultaneamente com o corpo cerâmico (monoqueima), em uma segunda queima depois de aplicado ao biscoito" (peça cerâmica já queimada, terceira queima (quando aplicado a um vidrado de base – já cozido).

Existem diferentes tipos de vidrados que são classificados quanto à composição: brutos ou originais (contendo chumbo, sem chumbo, porcelânico), fritados (contendo chumbo, sem chumbo) c/ vidro ou frita antes da queima final, a partir de vapor (à base de sal ou aplicados). Os vidrados podem ser classificados quanto ao aspecto superficial – brilhante, semifosco, fosco, cristalino ou aveludado e/ou pelas propriedades óticas – transparente, opaco etc. (NORTON, 1973).

Os vidrados podem ser aplicados sobre as peças cerâmicas com pincel, pistola, serigrafia, esponja, tampografia, entre outros. Para a decoração de azulejos utiliza-se industrialmente o processo de serigrafia que garante o mesmo padrão para cada peça produzida e velocidade de processo.

A título de exemplo, com base nas informações da Deca*, o esmalte utilizado em louças sanitárias é constituído por: alumina (aderência do esmalte); carbonatos e óxidos (maleabilidade do esmalte); sílica (propicia o surgimento da camada de vidro); e corantes (óxidos metálicos etc.). Nestes produtos o esmalte é aplicado à pistola e, após a queima, apresenta uma camada com 0,6 mm de espessura.

---

* Marca Registrada do fabricante pertencente ao Grupo Duratex

VIDROS

O vidro é uma solução mútua de óxidos inorgânicos fundidos, resfriados para uma condição rígida sem cristalização, formando uma variedade de objetos rígidos e transparentes.

"Os vidros são substâncias inorgânicas consideradas como líquidos super-resfriados; são misturas estáveis, extremamente viscosas, compostas de óxidos metálicos, geralmente de silício, sódio e cálcio, que se comportam como sólidos à temperatura ambiente." (MANO, E. 1991)

De acordo com a Abividro, na maior parte dos vidros industriais comuns são empregados 72% de areia (óxidos e carbonatos de silício, cálcio, e sódio), 11% de calcário, 14% de barrilha, 2% de alumina e 1% de corantes. Diversos outros elementos, geralmente na forma de óxidos, podem ser adicionados no sentido de se obter propriedades especiais tal como resistência à radiação, dureza, expansão controlada, etc.

Propriedades genéricas: embora possa ser considerado um material cerâmico, o vidro não apresenta a mesma resistência a elevadas temperaturas (resiste em torno de 300 a 400°C) e a choques térmicos. A fraca resistência do vidro a choques térmicos pode ser melhorada pela têmpera, que também colabora para o aumento de sua resistência mecânica.

O vidro é mau condutor de calor e de eletricidade, geralmente é dotado de transparência (embora existam vidros translúcidos e opacos) é inerte (não reage quimicamente com outros elementos), é impermeável (ambas características que ainda colaboram para o seu emprego em embalagens frente ao avanço dos materiais termoplásticos) sendo 100% reciclável.

Densidade: entre 2,46 e 3,3 g/cm^3 (valores aproximados em virtude da natureza do material e do tipo de composição). Os fabricantes de vidros planos estabelecem como padrão 2,5 g/cm^3.

Tipos/Aplicações: o tipo de vidro é definido pela natureza e proporção dos óxidos metálicos empregados em sua composição. A seguir um resumo dos tipos mais comuns.

■ BORO-SILICATO

Este tipo contém sílica como componente principal mas tem entre 13 a 28% de óxido bórico para baixa expansão térmica e outros óxidos os quais fornecem melhoramento adicional para facilitar a moldagem durante o processo. Apresenta boa resistência mecânica, elétrica, química e altas temperaturas sendo largamente usado para fabricação de isolantes elétricos, objetos em vidro para laboratórios, vidros de medição, utensílios domésticos resistentes a choques térmicos como o pirex etc.

■ PLUMBADO OU AO CHUMBO

A presença do óxido de chumbo normalmente abaixo de 50% da composição contribui para o aumento de sua funcionalidade propiciando a obtenção de peças com formas intrincadas, brilho e boas propriedades óticas (alto índice de refração). A quantidade de óxido de chumbo pode atingir proporções em torno de 90% para obtenção de vidros destinados a aplicações em campos radioativos.

Suas propriedades elétricas são boas, embora apresente baixas propriedades mecânicas.

Este tipo de vidro é utilizado para a fabricação de cristais, tubos de termômetros, tubos de lâmpadas néon e fluorescente, tubos de televisão, peças artísticas etc.

■ SÍLICA-CAL-SOLDA

Contém apreciável quantidade de soda e cal adicionadas ao componente principal, o óxido de silício, além de pequena quantidade de alumina. A soda e a cal abaixam o ponto de fusão do vidro, reduzem sua viscosidade quando fundido, e assim facilitam sua moldagem durante o processo. Por ser fácil de fundir e moldar, este tipo de vidro é destinado a obtenção de peças/produtos de uso geral como vidros planos – para construção civil e indústria automobilística, garrafas e embalagens em geral – potes e frascos, eletrodomésticos e bulbos de lâmpadas comuns.

Processos mais comuns: prensagem, sopro manual, sopro a vácuo, sopro-sopro, prensagem sopro, estiramento, laminação, moldagem por gravidade etc.

Outros tipos/aplicações: existem outros tipos de vidro destinados a aplicações específicas como é o caso dos vidros óticos e dos vidros especiais. Outros, com emprego mais freqüente e geometria particular, envolvem a fibra de vidro, a escama de vidro e a lã de vidro destinados respectivamente a obtenção de materiais compostos, aditivação de materiais plásticos e filtragem.

▌FIBRA DE VIDRO

Material estável quanto à umidade do ar isento de álcalis em sua composição empregada praticamente como material de reforço de materiais termoplásticos e termofixos formando com estes um material chamado composto. A fibra de vidro é disponibilizada no mercado considerando dois aspectos fundamentais: formato e gramatura/gramagem. O formato está diretamente associado ao tipo de processo/ emprego desejado. Neste sentido, a fibra de vidro pode ser: um roving, uma manta ou um tecido (existem outros formatos sendo estes os mais comuns).

O *roving* é uma bobina cilíndrica de mechas de fios de fibra de vidro (como um carretel de linha) formando um material contínuo. Este material de características de reforço unidirecional é bastante empregado em processos de reforço por enrolamento (fabricação de encanamentos especiais, bicos de avião etc.) no processo de pultrusão (fabricação de perfis em resina poliéster) bem como em processos de laminação manual ou à pistola.

A **manta** é um tipo de "tecido" formado por pedaços de fios de fibra de vidro cortados com o comprimento aproximado de 50 mm aplicados aleatoriamente uns sobre os outros formando uma malha *de* reforço *multidirecional*. Este material é bastante utilizado para fabricação de peças em resina poliéster predominantemente pelo processo de laminação manual.

O **tecido** apresenta características visuais semelhantes a um tecido comum com os fios de fibra de vidro cruzando-se a 90° e, desta forma, caracerizando-se por um reforço bidirecional. Este material tem emprego e processo similar às mantas.

A gramatura ou gramagem da fibra de vidro corresponde ao peso em gramas que o material apresenta em uma área de 1 m². A manta pode ser encontrada com gramagem de

300 g/m², 450 g/m² e 600 g/m². Os tecidos apresentam gramagens em torno de 600 g/m² e 800 g/m². Já o roving, por ser um fio contínuo, apresenta unidade diferente, como a empregada pela Owens Corning, correspondente a gramas por quilômetro, no Brasil este valor gira em torno de 4000 g/Km.

■ A COR DOS VIDROS

Os vidros podem ser coloridos a partir de substâncias dissolvidas na massa vítrea (sob a forma de óxidos ou sob a forma de silicatos) ou a partir de substâncias dispersas como partículas na massa vítrea (MAIA, 2001).

No primeiro caso, temos como exemplo substância/cor: o bióxido de manganês, geralmente instável, é mais indicado para obtenção de cor preta (em combinação com outros elementos); a cromita propicia a obtenção de vidro esverdeado; o óxido férrico, o verde-amarelado; o óxido de cobalto, a cor azul; o óxido cuproso, a cor preta; o óxido de níquel, a cor azul-violeta (nos vidros contendo potássio).

No segundo caso, temos como exemplo substância/cor: o selênio que, dependendo do processo empregado, pode-se obter a cor amarelo-palha ou rubi; o enxofre gera o amarelo. É importante salientar que muitas substâncias, como é o caso do bióxido de manganês, podem agir no sentido de descoloração do vidro, o que muitas vezes é desejado como por exemplo na obtenção de peças de cristal.

PROCESSOS PARA OBTENÇÃO DE PEÇAS CERÂMICAS

A seqüência padrão de operações necessárias para obtenção de peças cerâmicas implica em: preparação da mistura, conformação, secagem, queima, decoração e segunda queima. De acordo com a aplicação da peça, a seqüência e o número de queimas poderá ser alterado. Aqui serão destacados resumidamente o processo de conformação da mistura.

■ EXTRUSÃO

Produção econômica: média/alta.

Equipamentos: investimento alto em virtude das diversas fases do processo cada qual com equipamentos específicos – moinhos, cilindros rotativos, áreas de armazenamento de matéria-prima, misturadores extrusoras.

Ferramental: investimento baixo em função da precisão requerida para as peças.

Aplicação: obtenção de peças de cerâmica vermelha como tijolos, telhas, blocos, tubos e blocos destinados ao processo de prensagem úmida.

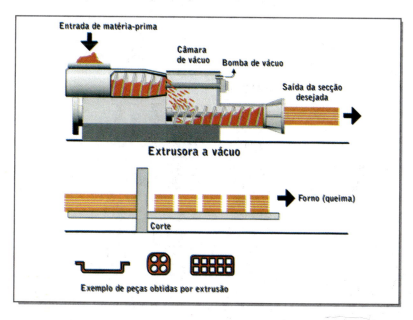

Descrição do processo: o processo de extrusão de cerâmica vermelha é precedido por uma seqüência de atividades iniciada pela transformação de argilas duras em pequenos pedaços e posterior moagem. O material resultante destas operações é misturado com argilas moles e depois submetido à laminação, com o intuito de homogeneizar a mistura. A mistura homogeneizada, em geral seca ou levemente umedecida, passa por uma câmara onde é transportada por uma rosca sem fim que contribui para retirada de ar do seu interior (com ou sem o auxílio de vácuo) bem como para forçar a mistura a passar por um bocal com o desenho de secção desejado, tomando sua forma.

O material resultante é cortado no comprimento predefinido, e depois levadas para secagem – a peça resultante do processo pode apresentar até 20% de umidade – ao ar livre ou de forma artificial. Após a secagem o material é queimado em fornos com temperaturas variando entre 800ºC e 1000ºC.

▮ PRENSAGEM A SECO

Produção econômica: média/alta (em torno de 15000 peças/dia).
Equipamentos: investimento alto.
Ferramental: investimento alto, molde em aço cromo, molde com tempo de vida relativamente longo.
Aplicação: azulejos, ladrilhos, isoladores elétricos, refratários etc.

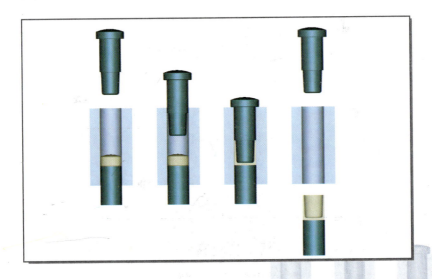

Descrição do processo: este processo (automatizado) consiste em comprimir a mistura com baixo teor de umidade (entre 5% e 15%) sob alta pressão que poderá variar de algumas dezenas de Kgf/cm² para massas contendo apenas argilas a 7×10^3 Kgf/cm² para refratários especiais. Conforme demonstrado no esquema anterior o molde padrão consiste em uma caixa de moldagem com orifício no qual atuam dois êmbolos (inferior e superior) que atuam sobre a matéria-prima. Após a moldagem, a peça deverá ser submetida aos procedimentos de queima.

É importante salientar que neste processo, durante a conformação, busca-se a maior densidade possível das peças juntamente com uma adequada eliminação de ar de seus poros o que compromete o tempo de produção e a vida útil do ferramental.

■ CONFORMAÇÃO DE MASSAS PLÁSTICAS MOLES (TORNO MILLER)

Produção econômica: média/alta (em torno de 7200 peças/dia por linha).
Equipamentos: investimento alto.
Ferramental: investimento médio/baixo, molde em gesso, molde com tempo de vida relativamente baixo.

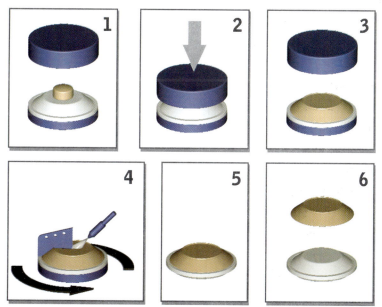

Seqüência do processo de conformação ou massas plásticas moles (torno Miller)

Aplicação: pratos pequenos e grandes, xícaras, louças rasas etc..
Descrição do processo: a conformação de massas plásticas moles pode ser executada manualmente ou por meios automatizados. Aqui preferimos descrever o método automatizado por propiciar produção mais econômica e homogênea no que concerne à qualidade do produto obtido.

Este tipo de conformação ocorre em torno automático e consiste na colocação da massa plástica isenta de ar sobre um molde de gesso (macho – acoplado a uma base). A massa é então submetida a compressão de uma fôrma (fêmea) que é aquecida para impedir que a massa plástica venha a aderir a sua superfície. A massa plástica moldada juntamente com o molde são acoplados a um torno e submetidos a um desbaste com vistas a melhoria estética da peça, bem como a retirada de pequenos excessos de material. Posteriormente o prato e o molde de gesso passam por um secador contínuo sob a ação do qual os dois se separam sendo que o prato sofrerá novo desbaste de arestas e o molde de gesso retornará ao equipamento para outra moldagem.

■ COLAGEM OU FUNDIÇÃO

Produção econômica: baixa/média (em torno de 6 a 10 peças/dia por molde).
Equipamentos: investimento alto.
Ferramental: em geral investimento médio/alto, molde em gesso (mais tradicionais) com tempo de vida relativamente baixo com capacidade de 500 a 1000 peças (podendo ser mais caros dependendo da sofisticação dos moldes – com revestimento plástico e drenagem forçada).
Aplicação: peças ocas, peças que não tenham superfície gerada por rotação, peças com geometria complexa, grês sanitários, louças e porcelanas domésticas, peças artísticas etc.
Descrição do processo: existem diferentes tipos de processos de colagem como a por drenagem, a sólida e a eletrolítica. Aqui descreveremos apenas o processo mais convencional por suas possibilidades de exploração. O processo de colagem por drenagem consiste na preparação de uma mistura de matérias-primas plásticas e não-plásticas (necessárias para obtenção da cerâmica branca desejada) com água e outros elementos, sendo o defloculante de grande importância, com vistas à obtenção de uma massa líquida e viscosa chamada de barbotina. A barbotina é vertida em moldes de gesso especial (bipartidos,

tripartidos ou divididos em tantas partes quantas forem necessárias) até que o mesmo esteja completamente preenchido. Com o passar do tempo, a água contida na barbotina é absorvida pelo gesso do molde o que permite a formação de uma parede que vai se tornando gradativamente mais espessa. Em período predeterminado, o excesso de barbutina ainda líquida é vertida de volta ao reservatório (drenagem) ficando apenas a parede formada durante o processo. Com o molde ainda fechado, dá-se o rebarbamento da parte superior da peça e, posteriormente a desmoldagem da mesma. A peças são secadas e posteriormente queimadas formando o chamado biscoito. A partir deste ponto ocorre a decoração da peça

e a aplicação de esmalte vitrificado e outra queima. A decoração poderá ocorrer mais uma vez, agora sobre o vidrado, dependendo da necessidade.

As queimas dos grês sanitários, porcelanas e louças são feitas com temperaturas em torno de 1200°C, podendo chegar a 1400°C ou mais.

OBSERVAÇÕES

Cuidado com o desenho da peça com atenção especial na forma como ela será apoiada durante a queima.
Dar preferência a formas simétricas, sem furos e sem mudanças abruptas de superfícies.
Espessuras uniformes.

PROCESSOS PARA OBTENÇÃO DE PEÇAS EM VIDRO

O processo para a obtenção de produtos em vidro, conformados ou planos, é iniciado com a fusão das matérias-primas que ocorre em fornos de cadinho em argila, mais caros e indicados para produções especiais (e reduzidas), ou em fornos-tanque contínuos (produção automatizada em alta escala) ou descontínuos, mais econômicos.

■ PRENSAGEM

Produção econômica: alta (em torno de 100 peças/dia manual e 40000 peças/dia automatizado).
Equipamentos: investimento médio/alto.
Ferramental: investimento médio/alto, molde em ferro fundido, molde com tempo de vida longo.
Aplicação: pratos, copos simples, baixelas, bandejas etc.
Descrição do processo: a partir de sua fusão, o vidro passa pelo chamado "alimentador de gotas", por meio do qual são obtidas gotas de vidro com peso e formato uniformes, as

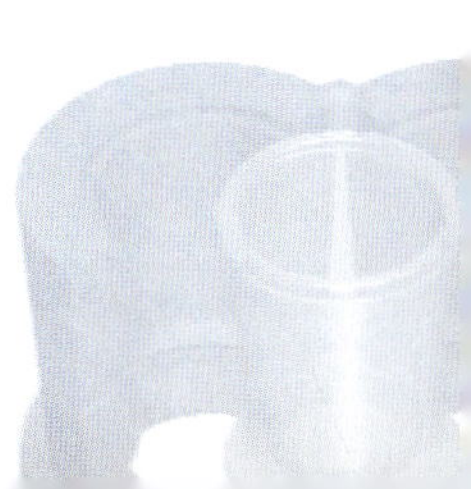

quais são depositadas sobre um molde (fêmea) com temperatura controlada e recoberto de lubrificantes. É iniciada, então, a compressão pela ação do molde (macho) que é empurrado por um pistão. Completada a compressão, dá-se o resfriamento da peça e a retração do pistão. Finalmente, a peça é retirada.

Conforme poderá ser observado nas seqüências do processo apresentadas a seguir, a geometria da peça é determinante para a configuração do molde. Nos dois exemplos de moldagem de copos, fica evidente que a base mais aberta do segundo modelo implicou em um molde mais complexo com duas partições a mais do que o molde do primeiro modelo além da necessidade de movimentação entre as partes. Estas diferenças concorrem para um custo substancialmente maior do segundo molde.

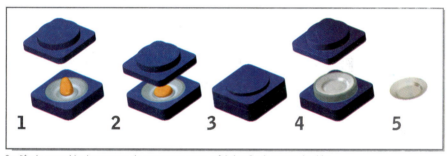

Seqüência resumida do processo de prensagem para a fabricação de pratos de vidro

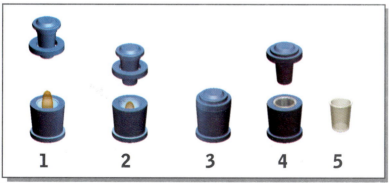

Seqüência resumida do processo de prensagem para a fabricação de copos de vidro

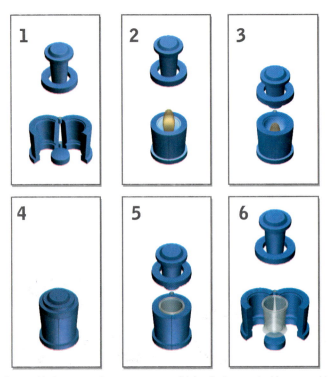

Seqüência resumida do processo de prensagem para a fabricação de copos de vidro com molde bipartido

OBSERVAÇÕES

Furos, cavidades, e ranhuras profundas podem causar problemas de moldagem e só devem ser incluídos no caso de extrema necessidade. Os furos não podem ser conseguidos durante a conformação da peça mas podem ser executados no final (após a moldagem), conforme ilustrado abaixo:

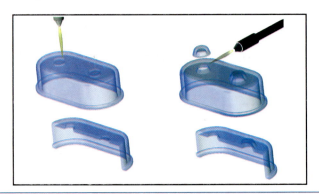

∎ SOPRO

Produção econômica: alta (em torno de 150000 peças/dia).

Equipamentos: investimento muito alto.

Ferramental: investimento muito alto, molde em aço cromo, molde com tempo de vida relativamente longo.

Aplicação: garrafas, jarros e outros recipientes etc.

Descrição do processo: existem dois tipos de processos de sopro para obtenção de frascos de vidro – o a vácuo e o sopro-sopro. A diferença entre os dois encontra-se, apenas, na forma de alimentação da matéria-prima em fusão no molde, sendo a seqüência de moldagem praticamente igual nos dois casos. Assim sendo, para ilustração, descreveremos somente o processo sopro-sopro.

Seqüência resumida do processo de sopro

A primeira etapa do processo é iniciada com a conformação do "esboço" que corresponde a uma pré-forma da peça desejada. Esta conformação inicial consiste na alimentação do molde por uma gota de vidro em fusão. O molde encontra-se de "cabeça para baixo" de forma a facilitar o preenchimento da cavidade da boca do recipiente pela matéria-prima (que inclusive é auxiliado pela insuflação de ar dentro da cavidade).

A matéria-prima sofre, então, a atuação de outra insuflação de ar, agora na extremidade da boca do frasco, com vistas a obtenção do "esboço" (forma provisória oca). O molde rotaciona para posição inversa de modo que esboço seja suspenso pelo anel limitador e por este, seja posicionado no molde de sopro. Com o fechamento do molde dá-se a ação do sobro para conformação final do frasco e seu resfriamento.

▪ VIDROS PLANOS

Produção econômica: altíssima (em torno de 200 toneladas/dia).

Equipamentos: investimento muito alto – fornos.

Ferramental: investimento muito alto; tempo de vida curto.

Aplicação: vidros planos para indústria de construção civil, eletrodomésticos da linha branca, automobilística, moveleira etc. que, de acordo com subprocessos a que sejam submetidos, poderão ser: laminados, temperados, metalizados, térmicos, especiais, conformados etc. Os vidros planos podem ser encontrados em dimensões muito variadas assim sendo é recomendado consultar previamente fabricantes do setor para respectiva especificação. A espessura, no entanto, encontra-se na faixa entre 2 e 10 mm (podendo atingir valores mais altos dependendo do fabricante).

Descrição do processo: existem diferentes processos de obtenção de vidros planos como, por exemplo, o estiramento, o float (flutuação em banho de estanho) e a laminação por rolo impresso. Em termos básicos, a obtenção de vidro plano ocorre a partir de uma massa (barrila, sílica, vidro e compostos) fundida, que sai do forno-tanque de forma contínua e plana, sendo depois resfriada e cortada em chapas.

Processo float

Segundo a Abividro, o processo float foi desenvolvido pela compahia inglesa Pilkington [...] e consiste em submeter o vidro fundido a um banho de flutuação em estanho em fusão, o que lhe confere perfeito equilíbrio entre a face do vidro em contato com o metal. Pelo efeito do seu próprio peso e do calor, a face superior se torna perfeitamente plana, polida e com espessura uniforme. Este processo permite obter um vidro de alta qualidade e brilho, que dispensa operações de polimento. No processo de têmpera do float, o vidro é submetido a altas temperaturas (por volta de 600ºC) e rápido resfriamento. Isso faz com que a estrutura do vidro se reorganize e forme uma espécie de malha de tensão – que age internamente no seu interior. Essa malha confere resistência muito maior ao vidro.

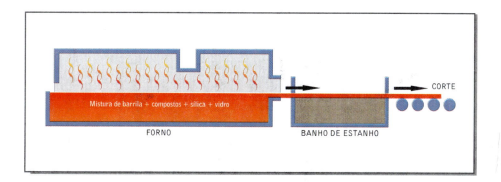

Processo de laminação

Na laminação, o vidro fundido passa sobre um vertedouro com vistas a formação de uma lâmina plana. Posteriormente, a lâmina formada é submetida a ação de dois rolos laminadores que podem ser lisos, gravados ou um liso e o outro gravado. O que permite a obtenção de vidros planos com ambas as faces lisas, com uma face gravada e outra lisa, e com ambas as faces gravadas.

É possível, durante a laminação, introduzir no núcleo da chapa de vidro (espessura) uma tela de arame com vistas ao aumento de resistência mecânica da peça. Este vidro especial chamado de "aramado" é utilizado em telhados, paredes, portas e outros locais que necessitem de iluminação e, por segurança, deve impedir a propagação de estilhaços no caso de impactos.

Processo de conformação

Conforme já observado, um vidro plano é aplicado como matéria-prima para fabricação de produtos decorativos, móveis, vitrines, pára-brisas, entre outros, pois pode ser cortado em diversos formatos e/ou conformado para obtenção de curvaturas que deverão ser definidas de acordo com as recomendações dos fabricantes.

A seqüência para curvar um vidro plano consiste em: corte do vidro, posicionar a peça cortada sobre um gabarito, aquecer o vidro para que ocorra sua conformação gradativa.

Abaixo, ilustração do conjunto vidro/gabarito.

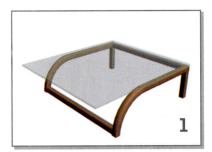
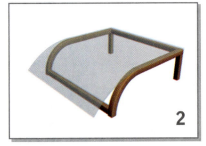

POLÍMEROS SINTÉTICOS

MATERIAIS E PROCESSOS

CAPÍTULO VI

POLÍMEROS SINTÉTICOS

Introdução

Termoplásticos
- PEBD
- EVA
- ABS
- PET
- POM
- PEAD
- PS
- SAN
- PA
- PSF
- PELBD
- PSAI
- PVC
- PC
- PPTA
- PP
- EPS
- PMMA
- PPO
- PTFE

Termofixos
- PR
- PPPM
- UR
- PU(espumas)
- MF
- ER

Elastômeros
- SBR
- CR
- NBR
- SI
- EPDM
- TPE
- IIR
- TPU

Processos para obtenção de peças em polímeros sintéticos
- Processos envolvendo termoplásticos e elastômeros
- Processos envolvendo termofixos

INTRODUÇÃO

Dizer que os plásticos são os materiais industriais mais versáteis à disposição do homem é desnecessário. Em geral, eles são dotados de baixa densidade, resistência química e capacidade de isolamento elétrico e térmico e, o que neles mais fascina os profissionais de projeto é a facilidade de transformação, em especial a capacidade de adquirir diferentes formas, texturas e cores. Em contrapartida são tipicamente pouco resistentes a muitos esforços mecânicos, temperaturas elevadas e intempéries. Mesmo assim, em determinadas condições podem ser combinados entre si ou adicionados a outros materiais adquirindo novas propriedades e, por conseguinte, melhores desempenhos. Não cabe aqui dissertarmos sobre assunto de forma completa contudo, pela sua importância para compreensão do comportamento desses materiais, tentaremos fazer uma breve explanação.

Na verdade, o termo plástico é a maneira mais popular e também comercial de se chamar um *material polimérico* (ou simplesmente *polímero*). Polímero é todo material formado por um punhado de moléculas especiais compostas pela repetição de milhares de unidades básicas intituladas de *meros*. O que justifica o nome de *polímeros* (poli = muitas e *meros* = partes). Pelo fato desta moléculas serem muito grandes, os polímeros são consideradas substâncias *macromoleculares*.

Um polímero pode ser orgânico ou inorgânico, natural ou sintético. A lã, a borracha de seringueira bem como a celulose são polímeros orgânicos naturais, já o polietileno, o poliestireno e o ABS são polímeros orgânicos sintéticos. Por sua vez, o grafite é um polímero inorgânico natural.

O interesse deste trabalho reside sobre os polímeros orgânicos sintéticos em sua maioria produzidos a partir de monômeros obtidos de petróleo ou gás natural*. "*Monômero é uma molécula simples que, em condições adequadas*" [polimerização] "*dá origem à unidade de repetição (mero) de um polímero.*" (AGNELLI, 1994)

---

* Também já é possível a obtenção de alguns polímeros por meio de fontes renováveis como, por exemplo, da cana-de-açúcar, do milho e da soja.

Abaixo, segue exemplo da representação simplificada do monômero de estireno que no processo será transformado em um mero, que por sua vez será ligado a outros milhares de meros do mesmo tipo.

A letra *n* (grau de polimerização) corresponde ao número de vezes que um mero deverá ser repetido para formação do respectivo polímero.

Monômero de estireno → **Polímero - poliestireno**

Unidade de repetição
Grau de polimerização

É comum ilustrar um polímero como sendo um emaranhado de longos cordões, cada um correspondendo a uma macromolécula que, por sua vez, é constituída por uma seqüência de milhares de continhas ou pérolas que corresponderíam aos *meros*.

Muito embora as pesquisas e o emprego datem de meados do século XIX, os *polímeros sintéticos* só vieram a ganhar real credibilidade com o surgimento do *Baquelite* (considerado o primeiro plástico com aplicação e produção industrial expressiva) em 1909. Desde então, o emprego de *polímeros sintéticos* (que poderemos tratar também como *polímeros* ou *plásticos*) foi sempre crescente não somente na confecção de novos produtos como naqueles produzidos com materiais considerados tradicionais como a madeira e os metais.

Este crescimento avassalador na utilização dos plásticos pelas indústrias de todo mundo é fruto das pesquisas da indústria química que em um curto espaço de tempo veio disponibilizando diferentes tipos de polímeros conforme, por exemplo, ocorreu na década de 30 com o lançamento do Acrílico, Poliestireno, Nylon e Polietileno (GUEDES, 1997). Inicialmente os plásticos foram empregados em peças com pequenas solicitações mecânicas e térmicas de caráter mais decorativo e em equipamentos elétricos como fios pelo lado técnico. "Durante a década de 70, começaram a aparecer aplicações mais severas – os plásticos começaram a invadir as áreas de desempenho e propriedades tradicionalmente ocupadas pelos materiais estruturais (metais e madeira)" (MANZINI, 1993). Um aspecto que muito contribuiu para a "invasão" de que fala Manzini está relacionado ao desenvolvimento das chamadas *blendas e compostos*. *Blenda* é um polímero resultante da mistura de diferentes polímeros (geralmente dois) que agrega as propriedades de ambos, com desempenho geral significativamente superior. Outro aspecto que devemos considerar como contribuinte para disseminação dos plásticos está relacionado aos avanços e a versatilidade dos processos de transformação que envolvem estes materiais.

Devido a existência de numerosos tipos de plásticos disponíveis no mercado e das respectivas peculiaridades que os cercam é recomendável que tomemos conhecimento das suas possíveis formas de classificação.

Um polímero sintético pode ser classificado pela sua *estrutura química*, pelo seu *método de preparação*, por seu *tipo de cadeia polimérica* e por seu *comportamento mecânico*.

- Pela *estrutura química* é indicado se nas cadeias poliméricas principais existem apenas átomos de carbono (*homogênea*) ou átomos de carbono combinados a outros diferentes (*heterogênea*).
- Pelo *método de preparação* é indicado se na reação necessária para obtenção de um polímero empregou-se apenas um monômero (uma unidade de repetição) caracterizando uma *homopolimerização* – como no caso do polietileno e do poliestireno que são por esta razão *homopolímeros* – ou por dois ou mais monômeros desde que sejam formadas, respectivamente, cadeias com dois ou mais tipos de unidades de repetição caracterizando uma *copolimerização* tendo o polímero gerado o nome de *copolímero*.
- Pelo tipo de *cadeia polimérica* é indicado se o polímero apresenta cadeias moleculares dispostas de forma *linear, ramificadas* ou com *ligações cruzadas*.
- Os polímeros dotados de cadeias moleculares *lineares e/ou ramificadas* são denominados de *termoplásticos* pois permitem o reamolecimento quando submetidos a ação do calor – isso se dá pelo fato de ocorrer apenas uma transformação física (do posicionamento das moléculas umas em relação às outras) sendo por esta razão recicláveis.
- Os polímeros dotados de cadeias moleculares com *ligações cruzadas* são denominados de *termofixos ou termorrígidos* que não permitem o reprocessamento depois de terem endurecidos – isso ocorre pelo fato de ocorrer uma transformação de natureza química durante o processamento caracterizada pelo cruzamento entre as moléculas que é irreversível não sendo, por esta razão, recicláveis (embora existam casos específicos de reaproveitamento).
- A característica de um plástico ser um termoplástico ou um termofixo insere-se ainda em outro tipo de classificação a saber: "comportamento ao calor" conforme Mano (1991).

- Pelo tipo de *comportamento mecânico* indica-se o polímero é um elastômero, uma espuma, uma fibra ou um plástico.

Elastômeros – polímeros que na temperatura ambiente, podem ser estirados inúmeras vezes (pelo menos, o dobro de seu comprimento original) e, com a eliminação do esforço de estiramento, retornam imediatamente ao seu comprimento inicial. Neste grupo estão inseridas as borrachas sintéticas termoplásticas e termofixas (como também a natural).

Fibras – segundo Agnelli (1994) "são materiais definidos pela condição geométrica de alta relação entre o comprimento e o diâmetro da fibra" [...] "os polímeros empregados na forma de fibras, são termoplásticos orientados no sentido do eixo das fibras (orientação longitudinal); principais fibras poliméricas: náilons, poliésteres lineares saturados o poli (tereftalato de etileno) – PET; poli (acrilonitrila) e fibras poliolefínicas."

Espumas – alguns polímeros sob a ação mecânica, térmica ou por reações químicas podem ser expandidos formando plásticos expandidos notáveis pela relativa flexibilidade e pela baixa densidade como, por exemplo, a espuma de poliestireno conhecida popularmente como isopor (nome comercial deste material produzido pela BASF).

Plásticos – polímeros que em condições normais se apresentam sempre no estado sólido (podendo variar quanto a flexibilidade).

No âmbito comercial/aplicação um plástico pode ser uma commoditie ou plástico de uso comum, de nível intermediário, um tecnopolímero (ou de engenharia) ou um superpolímero (MANZINI, 1993). No primeiro grupo encontramos 80% dos plásticos consumidos em todo mundo estando aí inseridos o polietileno, o polipropileno, o poliestireno, o PVC etc. No segundo grupo encontramos plásticos de desempenho levemente superior aos do primeiro grupo (com custo podendo chegar a 4 vezes o valor destes) como é o caso do acrílico, do ABS, do SAN e da resina poliéster – muito embora algumas formulações já sejam atualmente consideradas como commodities.

No terceiro grupo encontramos plásticos de elevado desempenho geral, principalmente resistência a altas temperaturas (mas, a um custo muito superior a qualquer *commoditie* e a maioria daqueles do *nível intermediário*) estando aqui inseridos as poliamidas, o policarbonato, o polióxido de fenileno entre outros com aplicações muito específicas. Os *superpolímeros* são dotados de propriedades mecânicas e técnicas elevadas e de difícil processamento como as poliimidas, polietercetona e os polímeros de cristais líquidos (MANZINI, 1993).

Em sua classificação, Mano (1991) distingue produção de aplicação. Quanto a produção, considera a existência de "commodities" (mais produzidos) e de "specialities" (especiais – menor produção). Quanto a aplicação, indica a existência de dois grandes grupos, a saber: plásticos de *uso geral* e plásticos de *engenharia*. No primeiro estão inseridos todas as commodities e plásticos de nível intermediário citados anteriormente. O segundo subdivide-se em plásticos de engenharia de uso geral (tecnopolímeros) e plásticos de engenharia de uso especial (superpolímeros).

Outro aspecto que merece atenção diz respeito às formas mais comuns de denominação dos plásticos. Podemos encontrar a designação completa como polietileno, poliestireno, policloreto de vinila etc. que, na maioria das vezes, não corresponde à nomenclatura química correta mas que é aceito comercialmente. É comum utilizarmos siglas com letras maiúsculas para designar os plásticos como por exemplo podemos citar: polietileno de alta densidade – PEAD; polietileno de baixa densidade – PEBD; poliestireno de alto impacto PSAI; acrilonitrila butadieno estireno – ABS. Devemos tomar cuidado com as siglas em inglês que são aceitas no mercado internacional e que, na maioria das vezes, diferenciam-se daquelas em nosso idioma: PEAD corresponde a HDPE; PEBD corresponde a LDPE; PSAI corresponde a HIPS etc.

Para aqueles que são estudantes ou estejam iniciando suas buscas por informações sobre estes materiais é importante saber da existência de nomes fantasia para designar plásticos que mudam de empresa para empresa como no caso do ABS que a GE chama de Cycolac e a Bayer, de Cycogel e do policarbonato que a GE chama de Lexan e a Bayer, de Macrolon.

A seguir uma descrição resumida de alguns plásticos onde poderemos observar diversos aspectos abordados nesta introdução (clasificação, nomenclatura, aplicações etc.). Consideramos para descrever os materias plásticos a seguinte divisão: termoplásticos, termofixos e elastômeros. Vale lembrar que os elastômeros podem ser termoplásticos ou termofixos conforme poderá ser verificado, todavia, a classificação aqui empregada segue a tendência de alguns autores que entendem os elastômeros como integrantes de um grupo especial, distintos dos termoplásticos e dos termofixos.

TERMOPLÁSTICOS

No grupo dos polímeros sintéticos, os termoplásticos destacam-se em relação aos termofixos por inúmeras razões: são mais baratos, mais leves, recicláveis, ambientalmente mais limpos etc.

Um fator determinante para o comportamento geral de um termoplástico durante e/ou após seu processamento é o seu nível de cristalinidade que conforme poderá ser visto adiante, muda de plástico para plástico. Sendo que aqueles predominatemente cristalinos tendem a ser mais elásticos e opacos, apresentam boa resistência química e menor estabilidade dimensional (absorção de umidade, empenos etc.). Já aqueles predominantemente amorfos são menos elásticos, transparentes, apresentam maior estabilidade dimensional, baixo indice de contração de moldagem. (GUEDES, 1997)

■ POLIETILENO DE BAIXA DENSIDADE – PEBD

Características: material semicristalino (em torno de 60%), atóxico, de fácil pigmentação e processamento, baixo custo (commodity), pintura/ impresão e colagem difíceis.

Propriedades genéricas: boa flexibilidade, excelente resistência ao impacto, bom isolante elétrico, pintura difícil, baixa absorção d'água, excelente resistência ao ataque de produtos químicos (é praticamente insolúvel em todos os solventes à temperatura ambiente). Como limitações, o PEBD apresenta pouca resistência à tração e aos raios ultravioletas além de ser permeável a gases.

Densidade: 0,92 a 0,94 g/cm^3.

Aplicações: filmes, potes para acondicionamento de alimentos, frascos e tampas para acondicionamento de diversos tipos de produtos (limpeza e químicos), brinquedos, tubos, revestimento de fios elétricos etc.

Processos mais indicados: extrusão de laminados e perfilados, sopro, injeção e rotomoldagem. O material é difícil de ser usinado e, em virtude de sua superfície parafinada tanto a pintura quanto a colagem devem ser feitas com o auxílio de calor.

Identificação:

pela cor – branco translúcido a opaco.

pela queima – queima rápida com chama de cor amarela e fundo azul. Durante a queima o plástico funde e goteja e desprende o cheiro de parafina queimada.

■ POLIETILENO DE ALTA DENSIDADE – PEAD

Características: alta cristalinidade (em torno de 95%), atóxico, permite fácil pigmentação e processamento, baixo custo (commodity), pintura/impressão e colagem difíceis.

Propriedades genéricas: propriedades mecânicas superiores ao PEBD embora apresente menor resistente ao impacto e permeabilidade a gases. Suas propriedades químicas são superiores às apresentadas pelo PEBD. Apresenta pouca resistência à tração, permeabilidade a gases, dificuldade de colagem normal ou por ultra-som.

Densidade: 0,94 a 0,97g/cm^3.

Aplicações: bombonas, utensílios domésticos, brinquedos, contenedores grandes para acondicionamento geral (produtos químicos e alimentos), caixas-d'água, tubos, baldes, bacias etc.

Processos mais indicados: extrusão de laminados e perfilados, sopro, injeção e rotomoldagem. O material é difícil de ser usinado e, em virtude de sua superfície parafinada tanto a pintura quanto a colagem devem ser feitas com o auxílio de calor.

Identificação:

pela cor – branco opaco.

pela queima – queima rápida, com chama não extigüível de cor amarela e fundo azul. Durante a queima, o plástico funde e goteja e desprende o cheiro de parafina queimada.

foto: Bekum

■ POLIETILENO DE BAIXA DENSIDADE LINEAR – PELBD

Características: atóxico, permite fácil pigmentação e processamento, baixo custo (commodity).

Propriedades genéricas: menos flexível que o PEBD embora também seja constituído de superfície similar ao PEAD e PEBO, excelente resistência ao ataque de produtos químicos. O PELBD também é uma matéria-prima fácil de ser processada e pigmentada. Suas limitações são: permeabilidade a gases, dificuldade de colagem normal ou por ultra-som.

Densidade: 0,92 a 0,94 g/cm³.

Aplicações: sacos de lixo, sacolas de supermercado, sacos para transporte industrial.

Processos mais indicados: extrusão de filmes podendo também ser empregado para sopro, injeção e rotomoldagem. O material também permite usinagem, soldagem (por calor), impressão.

Identificação:

pela cor – branco opaco.

pela queima – queima rápida, com chama de cor amarela e fundo azul. Durante a queima, o plástico funde e goteja e desprende o cheiro de parafina queimada.

OBSERVAÇÃO

A família dos polietilenos não se encerra nestes exemplos, temos ainda o polietileno de média densidade – PEMD – muito empregado em embalagens e o polietileno de ultra-alto peso molecular – PEUAPM – para aplicações de alto desempenho como revestimento de máquinas, engrenagens, implantes etc.

■ POLIPROPILENO – PP

Características: material semicristalino – 60 a 70%, atóxico, permite fácil pigmentação e processamento, baixo custo (commodity), possibilidade de obtenção de brilho, pintura/impressão e colagem difíceis.

Propriedades genéricas: propriedades físicas e químicas similares ao PEAD, apresentando, contudo, menor resistência ao impacto, maior resistência térmica (em torno 80ºC sob solicitações mecânicas), maior resistência à flexão prolongada (resistência à fadiga dinâmica) e capacidade de retornar à geometria original após a eliminação de um esforço sendo, por este motivo, um plástico dito com "memória". Suas limitações são: pouca rigidez, estabilidade dimensional, resistência ao riscamento.

Densidade: 0,90 g/cm³.

Aplicações: seringas descartáveis, pára-choques/pára-lamas/suporte de bateria (de automóveis, ônibus e caminhões), utensílios domésticos (potes, copos, jarras, bandejas etc.), frascos, eletrodomésticos, brinquedos, filmes, mesas, cadeiras e outros elementos de mobiliário, estojos e embalagens para diversos produtos, pastas escolares etc.

Processos mais indicados: extrusão de laminados e perfilados, sopro, injeção e rotomoldagem e termoformagem. Da mesma forma que o PEAD o polipropileno necessita que tanto a pintura quanto a colagem sejam feitas com o auxílio de calor.

Identificação:

pela cor – branco opaco.

pela queima – queima moderada a rápida, com chama de cor amarela e fundo azul. Durante a queima, o plástico funde e goteja desprendendo um cheiro de parafina queimada.

OBSERVAÇÃO

O Polipropileno pode ser encontrado como homopolímero ou copolímero sendo o primeiro menos opaco e com ponto de fusão superior ao segundo.

ETILENO-VINIL ACETATO – EVA

Características: flexibilidade.

Propriedades genéricas: elevada resistência à quebra sob tensão ambiental, baixo ponto de fusão (em torno de 73⁰), resistente a impactos. À temperatura ambiente é insolúvel em todos os solventes.

Densidade: 0,92 a 0,94 g/cm³.

Aplicações: misturado com outros termoplásticos para melhorar a resistência destes ao impacto e fragilidade a baixas temperaturas, placas expandidas para diversos segmentos (calçados, brinquedos, brindes etc.), filmes em geral, adesivos etc.

Processos mais indicados: laminação, extrusão, injeção, termoformagem.
Identificação:
pela cor – translúcido.

pela queima – queima rápida, com chama de cor azul-amarelado. Durante a queima, o material funde e goteja.

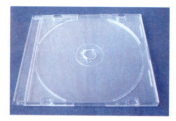

▮ POLIESTIRENO – PS

Características: cristalinidade muito baixa – amorfo, fácil pigmentação, fácil processamento, baixo custo.

Propriedades genéricas: transparência, elevada rigidez, estabilidade dimensional, resistência ao calor (amolece a 90/95°C e funde a 140°C) e à abrasão, tem pouca elasticidade, baixa resistência ao impacto (quebradiço); é resistente à água, oxigênio e álcalis sendo solúvel em contato com tolueno, benzeno, acetato de etila cloreto de metileno e acetona.

Densidade: 1,05 a 1,07 g/cm³.

Aplicações: utensílios domésticos, eletroeletrônicos, refrigeração, descartáveis, embalagens etc.

Processos mais indicados: extrusão de laminados e perfilados, termoformação e injeção. Permite boa usinagem, soldagem, impressão e pintura.

Identificação:
pela cor – incolor/transparente.

pela queima – queima rápida, com chama não extingüível, de cor amarelo-alaranjado, produzindo uma fumaça preta densa com fuligem. Durante a queima, o plástico amolece formando bolhas e carboniza superficialmente.

▮ POLIESTIRENO ALTO IMPACTO – PSAI

Características: semicristalino, permite fácil pigmentação, fácil processamento, baixo custo.

Propriedades genéricas: em relação ao PS é menos quebradiço, menos resistente à tração, menor dureza superficial, temperatura de amolecimento inferior, semelhante comportamento em contato com produtos químicos.

Densidade: 1,04 a 1,07 g/cm³.

Aplicações: utensílios domésticos, eletroeletrônicos, refrigeração, descartáveis, embalagens, filmes etc.

Processos mais indicados: extrusão de laminados e perfilados, termoformação e injeção. Propicia excelente usinagem, soldagem, impressão e pintura.

Identificação:

pela cor – branco opaco.

pela queima – queima rápida com chama não extínguivel, de cor amarelo-alaranjado, produzindo uma fumaça preta densa com fuligem. Durante a queima, o plástico amolece formando bolhas e carboniza superficialmente.

■ POLIESTIRENO EXPANDIDO – EPS

Características: semicristalino, geralmente comercializado na forma de blocos expandidos.

Propriedades genéricas: material rígido e quebradiço, demais resistências com valores inferiores ao PS e PSAI, comportamento em contato com produtos químicos similar ao PS e PSAI; é leve e isolante térmico.

Densidade: máxima 0,8 g/cm^3.

Aplicações: isolamento térmico (recipiente para bebidas, painéis e refrigeração), descartáveis, bóias, embalagens para alimentos e outros produtos.

Processos mais indicados: moldagem por autoclave, extrusão e injeção.

Identificação:

pela cor – branco opaco.

pela queima – queima rápida, com chama não extingüível, de cor amarelo-alaranjado, produzindo uma fumaça preta densa com fuligem. Durante a queima, o plástico amolece formando bolhas e carboniza superficialmente.

■ ACRILONITRILA BUTADIENO ESTIRENO – ABS

Características: cristalinidade muito baixa, excelente acabamento superficial, custo médio.

Propriedades genéricas: material amorfo com excelente rigidez, boa resistência mecânica – principalmente impacto – após o processamento apresenta ótima aparência.

não só por seu alto brilho como também pela capacidade de reproduzir detalhes com extrema precisão (textura, logotipo, brilho intenso etc.) contudo, é sensível a temperaturas superiores a 100ºC, a abrasão, a exposição aos raios ultravioletas e quando em contato com ácidos em geral, MEK, ésteres e óleos lubrificantes.

O ABS é fornecido pelo fabricante em diferentes formulações que deverá ser escolhido de acordo com o desempenho requerido para a peça a ser fabricada. Em resumo, podemos dizer que a maior presença de acrilonitrila propiciará resistência química, resistência a altas temperaturas e resistência ao intemperismo; o butadieno aumentará a resistência ao impacto, flexibilidade, retenção de propriedades a baixa temperatura e, o estireno, brilho e moldabilidade.

Densidade: 1,01 a 1,05 g/cm³.

Aplicações: telefones, eletrodomésticos — liqüidificador, ferro de passar, batedeiras etc. — peças para indústria automobilística (também de ônibus e caminhões), eletroeletrônicos, produtos de informática, brinquedos etc.

Processos mais indicados: extrusão de laminados, injeção e termoformagem. O ABS permite fácil usinagem, colagem, pintura, impressão, metalização e outros tipos de acabamento.

Identificação:

pela cor — branco opaco ou bege claro.

pela queima — moderada, propagando chama amarela com fuligem. Durante a queima, o ABS inicialmente amolece, borbulha e finalmente carboniza, propagando um cheiro fraco e agradável.

■ ESTIRENO ACRILONITRILA – SAN

Características: cristalinidade muito baixa, fácil de conformar e de pigmentar (translúcido ou opaco).

Propriedades genéricas: dotado de transparência, elevada dureza e estabilidade dimensional. É resistente ao riscamento e à tração. Sua deficiência de natureza física mais marcante é a fraca resistência ao impacto e, de natureza química, é a sua sensibilidade quando em contato com ácidos, éteres, ésteres e hidrocarbonetos clorados.

Densidade: 1,06 a 1,08 g/cm³.

Aplicações: lentes de lanternas para motocicletas, automóveis, ônibus e caminhões, carenagens transparentes para eletrodomésticos, displays luminosos, equipamentos eletrônicos etc. É comum a substituição do acrílico pelo SAN quando é necessária a redução de custos e não haja comprometimento ao desempenho do componente.

Processos mais indicados: injeção predominante. O SAN permite fácil pintura e usinagem.

Identificação:

pelos grânulos – incolor/transparente.

pela queima – rápida, com chama amarela e com fuligem. Durante a queima, funde borbulhando e carboniza.

Composto de PVC + fibras para estofados

▪ POLICLORETO DE VINILA – PVC

Características: baixa cristalinidade - 5 a 15%, difícil de queimar, dependendo dos aditivos aplicados pode apresentar-se flexível, semi-rígido ou rígido, fácil pigmentação e pintura, custo relativamente baixo.

Propriedades genéricas: suas limitações são – sensibilidade aos raios UV; é solúvel em hidrocarbonetos aromáticos e clorados, cetonas e ésteres.

Densidade: 1,34 a 1,39 g/cm^3 (podendo atingir 1,6 g/cm^3).

Aplicações: perfilados (rígidos, semi-rígidos e flexíveis) para acabamento de automóveis e outros veículos, esquadrias de janelas, acabamentos de refrigeradores e mobiliário, tubos e conexões para construção civil, utensílios em geral, garrafas e frascos transparentes, placas e lençóis para revestimento de pisos, brinquedos, calçados, revestimento de bancos (estofados em geral), blísteres para embalar remédios e produtos de outros segmentos etc.

Processos mais indicados: extrusão/calandragem de laminados/ filmes e perfilados, sopro, injeção e rotomoldagem. Facilidade de pintura sem prévio tratamento, difícil de usinar.

Identificação:

pela cor – incolor ou opaco;

pela queima – queima difícil, com chama extingüível de cor alaranjada e verde nas bordas. Durante a queima, escurece e decompõe-se desprendendo um forte odor de cloro.

> **OBSERVAÇÃO**
>
> No grupo dos materias vinílicos temos, ainda, o Poliacetato de Vinila – PVA – empregado para fabricação de colas e tintas e o Policloreto de Vinilideno – PVDC – empregado para fabricação de filmes para embalar alimentos que, embora limitados a aplicações relativamente específicas, são de grande importância comercial.

■ ACRÍLICO (POLIMETACRILATO DE METILA) – PMMA

Características: cristalinidade muito baixa – amorfo, transparente de custo médio.

Propriedades genéricas: apresenta elevada transparência e baixo índice de refração, alto brilho, rigidez e excelente estabilidade dimensional, resistência às intempéries (inclusive aos raios UV) e boa resistência ao impacto. É sensível a benzinas, carburetos e éteres.

Densidade: 1,18 g/cm^3.

Aplicações: letreiros comerciais, displays, brinquedos, eletrodomésticos, eletroeletrônicos, mobiliário, luminárias, indústria automobilística (lanternas e espelhos), janelas de aviões etc.

Processos mais indicados: placas/lâminas obtidas por extrusão ou pelo processo casting, injeção e termoformagem. Aceita usinagem em geral, pintura e decoração.

Identificação:

pela cor – incolor/transparente.

pela queima – rápida, com chama predominantemente azul (amarela no topo). Durante a queima, o acrílico, amolece, borbulha, apresentando pouca carbonização superficial e propagando cheiro de frutas.

■ POLITEREFTALATO DE ETILENO – PET

Características: cristalinidade até 40%, originalmente direcionado para fabricação de fibras, custo médio.

Propriedades genéricas: apresenta elevada resistência mecânica, termica e química (insolúvel em todos os solventes comuns), possibilidade de ser praticamente amorfo.

Densidade: 1,33 a 1,45 g/cm^3.

Aplicações: embalagens para produtos alimentícios, farmacêuticos, cosméticos, fibras têxteis, filtros, filmes para radiografia, conectores, bandejas etc.

Processos mais indicados: extrusão de laminados, injeção, termoformagem e injeção/sopro.

Identificação:

pela cor – dependendo do nível de cristalinidade pode ser encontrado desde incolor/transparente ao opaco.

pela queima – queima moderada, com chama amarelada com leve fumaça (extingüível). Durante a queima, o material funde e goteja.

▌POLIAMIDAS – PA

Características: família de termoplásticos com estrutura semicristalina – em torno de 60% – muito conhecido como nylon. Considerados plásticos de engenharia merecem destaque pela capacidade de autolubrificação e o inconveniente de serem instáveis dimensionalmente em função da hidroscopia (o que pode ser minimizado com a aplicação de material de reforço).

Carcaça do espelho retrovisor: PA + fibra de vidro

Propriedades genéricas: as poliamidas apresentam alta resistência à tração, à abrasão, ao calor e ao impacto repetido e razoáveis propriedades elétricas. São inertes à amônia, álcalis e ácidos orgânicos e muito atacadas por ácidos fórmico e acético. Por serem hidroscópicas, as poliamidas podem ter suas propriedades elétricas e estabilidade dimensional alteradas. Embora apresentem considerável resistência a intempéries, a exposição a luz solar (com elevação da temperatura) pode provocar oxidação progressiva destes materiais,

Densidade: variando de 1,05 a 1,14 g/cm^3 de acordo com o tipo.

Aplicações: fios para roupas, capas de chuva e correlatos, cerdas de escovas de dente, engrenagens (principalmente quando se deseja eliminar o emprego de lubrificantes), mancais, buchas, pás para ventiladores, rodízios, linhas de pesca, mecanismos, barras e tarugos para usinagem, reservatórios etc.

Processos mais indicados: extrusão de laminados e perfilados, injeção e sopro, usinagem. A pintura é desaconselhável.

Identificação:

pela cor – amarelada translúcida.

pela queima – difícil, pois a chama de cor amarela fuliginosa tende a se extingüir. Durante a queima, o material carboniza e, depois, quebra.

OBS: Em função da existência de diferentes tipos de Poliamidas (PA 6/ PA 6,6/ PA 6,10/ PA 11/ PA 12), que apresentam ligeiras alterações de propriedades como menor ou maior hidroscopia, maior ou menor resistência a elevadas temperaturas etc., é recomendado a verificação de suas diferenças antes da especificação definitiva.

■ POLICARBONATOS – PC

Características: cristalinidade muito baixa – amorfo, plástico de engenharia de elevada transparência e incomparável resistência ao impacto.

Propriedades genéricas: termoplástico dotado de excelente resistência mecânica, principalmente impacto, excelente nível de transparência, estabilidade térmica e dimensional, excelente isolante elétrico, baixa absorção d'água, chama auto-extingüível. É sensível a hidrocarbonetos aromáticos e solúvel em hidrocarbonetos clorados.

Densidade: 1,20 g/cm^3.

Aplicações: lente de faróis e lanternas de veículos (automóveis, ônibus), equipamentos de segurança (escudos, capacetes, "vidros" de carros blindados), construção civil (coberturas e outras aplicações), mamadeiras, acondicionador de alimentos, peças de aviões como blenda com o ABS etc.

Processos mais indicados: extrusão de laminados e perfilados, injeção e termoformagem, aceita usinagem, pintura, decoração e boa pigmentação.

Identificação:

pela cor – incolor/transparente.

pela queima – difícil, pois a chama tende a se extingüir. A chama é de cor amarela e sua fumaça, cinza. O material durante a queima decompõe-se.

■ POLI (ÓXIDO DE FENILENO) – PPO

Características: material semicristalino, estabilidade dimensional, difícil processamento, plástico de engenharia, custo elevado.

Propriedades genéricas: elevadas propriedades mecânicas (principalmente impacto), elétricas e térmicas (retém suas propriedades por períodos prolongados em ambientes aquecidos), baixa resistência aos raios UV. Quimicamente é atacado por hidrocarbonetos aromáticos e halogenados.

Densidade: 1,06 g/cm³.

Aplicações: é normalmente blendado com o poliestireno ou poliamidas para facilitar o processamento – calotas e outros componetes para automóveis, peças de chuveiros e de fornos microondas etc.

Processos mais indicados: extrusão, injeção.

Identificação:

pela cor – âmbar translúcido.

pela queima – moderada com chama extingüível de cor amarelada com fuligem. Durante a queima, o material amolece, borbulha e carboniza.

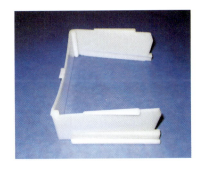

■ POLI (ÓXIDO DE METILENO) POLIACETAL – POM

Características: plástico de engenharia de alta cristalinidade, elevado desempenho e custo médio/alto.

Propriedades genéricas: estabilidade dimensional, elevada dureza, elevada rigidez, elevada resistência à tração, elevada resistência térmica, resistência ao impacto repetido/ fricção/ abrasão/ fadiga e raios UV, baixa absorção d'água e excelentes propriedades elétricas (mesmo na presença de umidade). Excelente resistência a óleos, graxas e solventes.

Densidade: 1,42 g/cm³.

Aplicações: componentes para cafeteiras, componentes de brinquedos, tanques industriais, tubos, tarugos, carenagem de chuveiros, engrenagens, molas, roldanas, válvulas para diversas aplicações como descargas de sanitários (outros componentes mecânicos que demandem tolerâncias dimensionais pequenas), hélices para ventilação de motores, zíperes, componentes de válvulas/torneiras, peças para indústria de relógios (microengrenagens etc.). Nos automóveis – botão de cinto de segurança, bombas de combustível, componentes de limpadores de pára-brisa etc.

Processos mais indicados: extrusão, injeção e sopro, aceita usinagem, solda, pintura, metalização.

Identificação:

pela cor – branco opaco.

pela queima – moderada, com chama de cor azul sem fumaça. Durante a queima, o material funde e goteja desprendendo odor de formaldeído.

■ POLI-SULFONA – PSF

Características: polímero amorfo de elevado desempenho em altas temperaturas.

Propriedades genéricas: dotado de elevada rigidez e estabilidade dimensional, resistência a altas temperaturas (ponto de fusão 200^0). Excelente resistência térmica e química (atacada apenas por cetonas, hidrocarbonetos clorados e aromáticos).

Densidade: 1,25 g/cm^3.

Aplicações: peças de produtos que funcionem com temperaturas elevadas, secadores de cabelos, projetores luminosos, conectores, produtos esterilizáveis para área médico-hospitalar etc.

Processos mais indicados: extrusão, injeção.

Identificação:

pela cor – transparente.

pela queima – moderada com chama extingüível de cor amarela com fulígem fraca. Durante a queima, o material amolece formando uma película escura.

■ POLIAMIDAS AROMÁTICAS – PPTA

Características: polímero de engenharia de alta cristalinidade – 95% – comercializado na forma de fibra (muito conhecido por KEVLAR – nome comercial da empresa DUPONT para o produto).

Propriedades genéricas: elevadíssima resistência ao calor (praticamente infusível), notável propriedade dielétrica, baixo coeficiente de elasticidade, excelente resistência a fadiga, boa resistência à compressão, sensível a luz ultravioleta, boa resistência química.
Densidade: 1,35 g/cm³ a 1,45 g/cm³.
Aplicações: como material de reforço para cascos de embarcações (lanchas, veleiros, caiaques, barcos para remo), carenagem de carros e motos de competição, roupas e equipamentos de segurança para polícia/forças armadas e atividades que exijam alto desempenho (como luvas de segurança para fundição, coberturas de estádios etc.
Processos mais indicados: como material de reforço em processos de laminação de resina, extrusão, calandragem etc.
Identificação:
pela cor – amarelo opaco.

∎ POLI (TETRAFLUOR-ETILENO) – PTFE

Características: plástico de engenharia de alta cristalinidade - 95%, elevada densidade, polímero insolúvel e infusível.
Propriedades genéricas: excelente resistência química e térmica (-260°C até +260°C) sem perda das propriedades mecânicas, resistência às intempéries, estabilidade dimensional, elevadas propriedades mecânicas, baixo coeficiente de fricção e aderência.
Densidade: 2,2 g/cm³.
Aplicações: anéis de vedação, engrenagens, gaxetas, válvulas, revestimentos antiaderentes para panelas e outros produtos, componentes eletrônicos etc.
Processos mais indicados: corte e usinagem.
Identificação: comercializado na forma de placas e tarugos.
pela cor – branco opaco.
pela queima – queima muito difícil, com chama de cor amarela extingüível, não apresentando odor.

TERMOFIXOS

No grupo dos polímeros sintéticos, os termofixos destacam-se em relação aos termoplásticos pelo desempenho substancialmente superior em aplicações críticas que demandem resistência ao calor, aos raios UV, a intempéries, a produtos químicos entre outros. Mecanicamente são geralmente mais rígidos e apresentam excelente estabilidade dimensional. Em contrapartida, são mais caros, mais agressivos ao meio ambiente (especialmente durante o processamento), não permitem reciclagem.

■ RESINAS FENOL-FORMALDEÍDO (RESINA FENÓLICA-BAKELITE) – PR

Características: atóxico, geralmente é misturado com cargas como negro de fumo e serragem, baixo custo, limitado a fabricação economica de peças escuras (preto/marron).

Propriedades genéricas: dotado de elevada rigidez, excelente resistência ao risco, estabilidade dimensional (podendo inchar em contato permanete com água e álcoois), não inflamável. Excelente resistência térmica e química (atacada por ácidos oxidantes e álcalis quentes).

Densidade: 1,36 a 1,46 g/cm^3.

Aplicações: cabos de panelas, circuitos impressos, interruptores e artigos elétricos em geral, compensados, colas e adesivos.

Processos mais indicados: moldagem por compressão.

Identificação:

pela cor – castanho (marrom) opaco (líqüido ou pó).

pela queima – muito difícil, com chama extingüível de cor amarela com fuligem. Durante a queima, o material tende a perder a cor, inchar e romper-se desprendendo cheiro de formaldeído (semelhante ao de peixe).

■ RESINA URÉIA-FORMALDEÍDO – UR

Características: material altamente resistente ao risco de baixo custo.

Propriedades genéricas: dotada de elevada rigidez, estabilidade dimensional (podendo inchar em contato permanente com água), excelente resistência ao risco, não inflamável, boa resistência térmica e mecânica. É atacada por ácidos e álcalis fortes.

Densidade: 1,50 g/cm³

Aplicações: materiais elétricos em geral, botões para roupas, junções plástico-metálicas, fabricação de compensado e aglomerado, revestimentos decorativos, materiais elétricos, interruptores.

Processos mais indicados: moldagem por compressão, calandragem.

Identificação:

pela cor – branco translúcido (líqüido ou pó).

pela queima – muito difícil, com chama extingüível de cor amarela e borda azulada. Durante a queima, o material tende a perder a cor, inchar e romper-se desprendendo cheiro de formaldeído (semelhante ao de peixe).

■ RESINAS MELANINA-FORMALDEÍDO – MF

Características: material inodoro e atóxico.

Propriedades genéricas: dotado de elevada rigidez, excelente resistência ao risco, não inflamável, boa resistência térmica e química (atacada por amoníaco) e estabilidade dimensional sendo fácil de ser processado. Contudo, apresenta pouca flexibilidade.

Densidade: 1,47 a 1,50 g/cm³.

Aplicações: cabos de facas, circuitos impressos, pratos/ tigelas e outros utensílios domésticos, revestimentos decorativos, interruptores, vernizes e adesivos.

Processos mais indicados: moldagem por compressão, calandragem.

Identificação:

pela cor – branco translúcido (líquido ou pó).

pela queima – muito difícil, com chama extinguível de cor amarela e borda azulada. Durante a queima, o material tende a perder a cor e carbonizar-se desprendendo cheiro de formaldeído (semelhante ao de peixe).

■ RESINA EPOXÍDICA (EPÓXI) – ER

Características: altamente adesivo.

Propriedades genéricas: estabilidade dimensional, resistência à abrasão. Quando não curada é atacada por álcoois, dioxano, ésteres e cetonas.

Densidade: 1,15 a 1,20 g/cm³.

Aplicações: adesivos, revestimento superficial de pisos, tintas, moldes e matrizes, componentes elétricos, componentes eletrônicos, peças para indústria aeroespacial etc.

Processos mais indicados: laminação, enrrolamento, calandragem.

Identificação:

pela cor – amarelo translúcido (líquido ou pó).

pela queima – queima moderada com chama de cor amarela com fuligem. Durante a queima, o material carboniza e amolece desprendendo odor agradável.

■ RESINA POLIÉSTER INSATURADA – PPPM

Características: processamento fácil e econômico.

Propriedades genéricas: resistência a intempéries, elevada dureza, boa estabilidade dimensional, sendo normalmente necessária a aplicação de material de reforço (aramide, fibra de vidro, fibra de carbono etc.) para melhorar sua flexibilidade, resistência a impactos e redução de peso. Esta resina é sensível ao álcool benzílico, fenóis e hidrocarbonetos nitrados.

Densidade: 1,10 a 1,25 g/cm³ (1,46 g/cm³ com reforço padrão de fibra de vidro).

Aplicações: carrocerias de automóveis especiais, caminhões e ônibus, carenagem de motocicletas, casco de embarcações, coberturas, materiais esportivos, painéis, placas de sinalização, "orelhões", perfis, moldes etc.

Processos mais indicados: laminação manual (hand-up) ou pistola (spray-up), RTM (transferência de resina por pressão), TRV (transferência de resina a vácuo), moldagem por compressão, pultrusão, injeção.

Identificação;

pela cor – liquido viscoso incolor/amarelado.

pela queima – queima rápida com chama de cor amarela com muita fuligem. Durante a queima, o material funde (nos cantos) e carboniza desprendendo odor de estireno.

■ POLIURETANO – PU

Os poliuretanos pertencem à "família de polímeros sintetizados a partir de poliadições não convencionais"[...] "empregando principalmente polióis e isocianatos como matérias-primas; na sua forma final de aplicação, os poliuretanos podem ser: espumas rígidas, semi-rígidas e flexíveis, elastômeros, plásticos, tintas ou revestimentos" (AGNELLI, J. A M., 1994). O poliuretano, dependendo dos procedimentos de preparo, pode ser um termoplástico ou um termofixo. Aqui, serão abordados os elementos mais significativos da família de poliuretanos termofixos de estrutura celular – espumas, conforme descrito a seguir.

ESPUMA MOLDADA RÍGIDA INTEGRAL (POLIURETANO RÍGIDO)

Características: poliuretano dotado de uma pele superficial lisa e compacta, que possibilita a obtenção de peças tridimensionais de espessura variada com superfície uniforme e peso variável (a densidade pode ser especificada conforme desejado), permite a utilização de insertos e reforços no núcleo da peça – custo alto.

Propriedades genéricas: elevada rigidez, resistência à abrasão, bom isolante térmico, propriedades acústica e mecânica superiores a de algumas madeiras (como o pinho), estável quando submetido a intempéries, resistente à maioria dos solventes, tintas e vernizes e contra microorganismos, estável dimensionalmente na faixa de temperatura entre -40^0 e 180^0.

Densidade: 400 a 700 kg/cm^3.

Aplicações: peças acabadas e semi-acabadas como gabinetes e carcaças de aparelhos eletroeletrônicos em geral (monitores, painéis, caixa automático de bancos etc.), elementos de construção civil, molduras para quadros, restaurações de detalhes arquitetônicos e de esculturas etc.

Processos mais indicados: RIM (Reaction Injection Moulding) de alta pressão – após a moldagem, a cor da peça pode variar entre bege claro e escuro o que torna necessária a pintura posterior.

Identificação:

pela cor – amarelo translúcido.

pela queima – queima rápida, com chama amarelada com fundo azul. Durante a queima, o material tende a fundir e gotejar.

ESPUMA MOLDADA FLEXÍVEL (POLIURETANO FLEXÍVEL)

Características: espuma elástica de cura a frio muito utilizada para acolchoamento em virtude da facilidade de fabricação e do alto nível de qualidade superficial/dimensional, o que possibilita a obtenção de peças com geometria complexa de espessura variada, permite a utilização de insertos e reforços no núcleo da peça. A densidade desejada pode ser especificada – alto custo.

Propriedades genéricas: baixa densidade, elasticidade permanente (alto grau de amortecimento), resistência à abrasão, bom isolante térmico, resistente à maioria dos solventes, tintas e vernizes e contra bactérias.

Densidade: 26 a 46 kg/m^3.

Aplicações: espumas para assento e encosto para bancos para indústria automobilística/caminhões e ônibus, assento para motocicletas, colchões, sofás e cadeiras residenciais e de escritórios etc.

Processos mais indicados: contínuo para fabricação de blocos de espuma e RIM de baixa pressão para peças.

Identificação:

pela cor – amarelo translúcido.

pela queima – queima rápida, com chama amarelada com fundo azul. Durante a queima, o material tende a fundir e gotejar.

ESPUMA MOLDADA SEMIFLEXÍVEL INTEGRAL (POLIURETANO PELE INTEGRAL)

Características: também chamado de poliuretano integral skin, é indicado para fabricação de peças moldadas de segurança e/ou que requeiram toque macio e confortável. Quando processado apresenta uma pele bem fechada na parte externa e no núcleo celular da peça, ambos formados de forma integral de uma só vez. A superfície da peça obtida reproduz fielmente qualquer tipo de desenho/textura que tenha sido aplicada no molde. A pele, além do caráter estético protege a estrutura celular contra possíveis danos gerados por esforços mecânicos. Pode ser processado numa infinidade de variações de dureza e densidade; além de ser de fácil pitura, permite a aplicação de insertos no núcleo da peça – alto custo.

Propriedades genéricas: resistência a esforços mecânicos em qualquer direção, elasticidade permanente (alto grau de amortecimento), resistência à abrasão, bom isolante térmico, resistente a corrosão. É resistente a maioria dos solventes, tintas e vernizes e contra bactérias, insensível a mudança de temperatura.

Densidade: 165 a 185 kg/m^3 ou 500 a 800 kg/m^3 dependendo da formulação.

Aplicações: volantes, manoplas, alavancas de câmbio, braços laterais de portas de automóveis, caminhões e ônibus, braços laterais de cadeiras de escritório, revestimento de pegas em geral (inclusive maçanetas), batentes de pára-choques, solas de calçados etc.

Processos mais indicados: RIM de baixa pressão e de alta pressão como também SRIM. A cor padrão de mercado para as peças obtidas neste material é o preto, embora seja possível a aplicação de outras cores durante o processo.

Identificação:

pela cor – amarelo translúcido.

pela queima – queima rápida, com chama amarelada com fundo azul. Durante a queima, o material tende a fundir e gotejar.

ESPUMA RÍGIDA

Características: identificado pela coloração amarelo-claro ou branca é frágil a qualquer tipo de esforço mecânico (mesmo ao manuseio). Apresenta excelente aderência à maioria dos materiais (de cobertura) e possibilita a obtenção de diferentes densidades.

Propriedades genéricas: baixa densidade, baixa condutibilidade térmica, baixa absorção d'água (10% do volume), faixa de temperatura de uso entre -200°C e 110°C, bom isolante térmico, boa resistência a produtos químicos.

Densidade: 30 a 32 kg/m^3 ou 80 a 200 kg/m^3 dependendo da formulação.

Aplicações: direcionado à função de enchimento estrutural tipo sanduíche, paredes (alvenaria) e de isolamentos. Como exemplo podemos citar: paredes de geladeiras e boilers, painéis divisórios, placas para isolamento de telhados, miolo de portas, paredes de veículos refrigerados para transporte rodoviário e ferroviário, isolamento de tubulações, câmaras frigoríficas e fachadas, além de divisórias.

Processos mais indicados: RIM de baixa pressão ou em molde aberto específico ou em caixotes, também injetado entre paredes de alumínio ou mesmo de madeira reconstituída para formação de materiais compostos.

Identificação:

pela cor – amarelo translúcido.

pela queima – queima rápida, com chama amarelada com fundo azul. Durante a queima, o material tende a fundir e gotejar.

ELASTÔMEROS

Por suas peculiaridades, os elastômeros destacam-se dos termoplásticos e dos termofixos principalmente pelo seu comportamento mecânico relativo a elevada capacidade de estiramento e resiliência*. Conforme poderá ser visto adiante, alguns elastômeros são de natureza termofixa (SBR, NBR, EPDM, IIR, CR) e outros de natureza termoplástica (TPU, SEBS, SBS) e, assim sendo apresentam semelhanças os respectivos grupos de materiais seja no processamento, seja na reciclagem.

■ BORRACHA – SBR

Características: copolímero de butadieno-estireno de baixo custo e bom desempenho geral quando protegida do tempo.

Propriedades genéricas: excelente resistência dielétrica, boa resistência à tração e flexão, temperatura de trabalho entre -25° a 100°C. Suas resistências à abrasão, à deformação permanente, ao ozônio, ao intemperismo, à impermeabilização aos gases assim como sua resiliência* são regulares. Quimicamente, é atacada por hidrocarbonetos alifáticos e solventes de esmalte.

Densidade: 0,94 g/cm³.

Aplicações: pneus, calçados/solados, perfis, componentes que trabalhem protegidos do sol e intempéries, guarnições de portas e tampas de automóveis, ônibus e caminhões, empregado em composição com outros polímeros para aumentar o nível de elasticidade.

---

* Resiliência é a capacidade que o material tem em devolver uma energia recebida. Um elastômero que apresenta o mais elevado índice de resiliência é a borracha natural – NR.

Processos mais indicados: extrusão, laminação, calandragem, moldagem por compressão, injeção, excelente vulcanização.
Identificação:
pela cor – grânulos, pó ou folha translúcido-amarelado.
pela queima – queima rápida, com chama forte com fuligem. Durante a queima, o material tende a fundir e borbulhar.

■ BORRACHA – NBR

Características: copolímero de acrilonitrila e butadieno empregada para contato intenso com petróleo e derivados.
Propriedades genéricas: excelente resistência à abrasão. Resistência regular à tração, ao rasgo, à flexão, à deformação permanente, ao intemperismo, ao ozônio, à impermeabilização aos gases e resiliência. Seu desempenho como isolante elétrico é péssimo. Temperatura de trabalho entre -15° a 100°C. Sua resistência química em geral é boa e notável na presença de óleos e gasolina sendo apenas atacada por cetonas.
Densidade: 1,0 g/cm³.
Aplicações: guarnições, dutos, mangueiras, gaxetas, anéis, juntas, sanfonas, perfis, fios etc., que requeiram contato com óleos e gasolina.
Processos mais indicados: extrusão, laminação, calandragem, moldagem por compressão, injeção.
Identificação:
pela cor – grânulos, pó ou folha translúcido-amarelado.

■ BORRACHA – EPDM

Características: copolímero de etileno-propileno (e dieno) empregada em situações que requeiram elevada resistência ao ozônio e às intempéries.
Propriedades genéricas: excelente resistência ao ozônio e ao intemperismo, boa resistência à abrasão. Resistência apenas regular quanto à tração, ao rasgo, à flexão, à deformação permanente e à permeabilidade aos gases. Sua resiliência é regular. Temperatura de trabalho entre -50° à 150° C. Sua resistência química é pequena quando em contato com hidrocarbonetos aromáticos ou alifáticos, petróleo e gasolina. Seu nível de absorção d'água é muito baixo.

Densidade: 0,88 g/cm³.

Aplicações: perfis/canaletas/gaxetas para fixação de vidros de pára-brisas de automóveis ônibus e caminhões e de janelas na construção civil, pneus, solados, revestimento de cabos etc.

Processos mais indicados: extrusão, laminação, calandragem, moldagem por compressão, injeção.

Identificação:

pela cor – grânulos, pó ou folha translúcido-amarelado.

▌BORRACHA – IIR

Características: borracha butílica (copolímero de isobutileno-isopreno) empregada em situações que requeiram retenção de gases.

Propriedades genéricas: excelente resistência ao ozônio, à impermeabilização aos gases. Boa resistência ao intemperismo e à flexão. Resistência apenas regular quanto à tração e ao rasgo. Sua resiliência é ruim. Temperatura de trabalho entre -15° a 120°C. Sua resistência química em geral é boa não sendo recomendável seu contato com hidrocarbonetos aromáticos ou alifáticos, petróleo e gasolina. Seu nível de absorção d'água é baixo.

Densidade: 0,92 g/cm³.

Aplicações: câmaras-de-ar, revestimento interno de pneus radiais e aplicações similares.

Processos mais indicados: extrusão, laminação, calandragem, moldagem por compressão, injeção.

Identificação:

pela cor – grânulos, pó ou folha translúcido-amarelado.

▌POLICOLOPRENO/ NEOPRENE – CR

Características: substituto da borracha natural – NR – em situações em que a mesma seja inadequada. Seu custo elevado sugere uma análise antes da especificação do produto.

Propriedades genéricas: excelente resistência à tração, ao rasgo, à flexão, abrasão, à chama, intemperismo, ao ozônio e à impermeabilização aos gases. É dotada de boa resiliência, impermeabilidade aos gases. Temperatura de trabalho entre -20° a 120° C. Sua resistência química em geral é boa sendo atacada apenas por cetonas e solventes de esmalte.

Densidade: 1,23 g/cm^3.

Aplicações: correias transportadoras, mangueiras de combustível de motos (e aplicações que requeiram elevada resistência ao calor e gasolina e outros produtos químicos), guarnições, dutos, mangueiras, gaxetas, anéis, juntas, sanfonas, perfis, fios, produtos que requeiram contato com a água do mar etc.

Processos mais indicados: extrusão, laminação, calandragem, moldagem por compressão, injeção.

Identificação:

pela cor – grânulos, pó ou folha translúcido-amarelado.

■ SILICONES – SI

Características: polímeros semi-orgânicos de alto peso molecular formados por cadeias longas de átomos alternados de silício e oxigênio. São inodoros, atóxicos, inertes e, normalmente, processados com algum tipo de carga de reforço (MILES e BRISTON, 1975). Seu custo elevado sugere uma análise antes da especificação do produto.

Propriedades genéricas: não hidroscópico, boa resistência à tração, estável quando submetido a altas ou baixas temperaturas (-70^0 a 250^0) e à oxidação, excelente resistência elétrica, excelente resistência aos raios ultravioleta e ao ozônio, além de excelente resiliência. Apresenta ótimo desempenho quando submetido ao contato com produtos químicos.

Densidade: 1,0 g/cm^3 a 1,90 g/cm^3.

Aplicações: moldes para fundição rotacional e outros processos, guarnição de portas de estufas e de dutos de ar quente e fornos, adesivos, vedadores, encapsuladores de equipamentos elétricos, produtos da área médico-hospitalar, componentes para indústria em geral etc.

Processos mais indicados: extrusão, laminação, calandragem, injeção.

Identificação:

pela cor – incolor.

pela queima – queima difícil, com chama extingüível de cor amarelada. Durante a queima, o material desprende fumaça branca e resíduos brancos com cheiro penetrante.

OBS: Além da condição de elastômero, o silicone pode ser encontrado na forma de fluido e de resina que apresentam ligeiras diferenças de propriedades e de aplicações.

■ ELASTÔMEROS TERMOPLÁSTICOS – TPES

Família de polimeros que se comportam mecanicamente como elastômeros e ao mesmo tempo como termoplásticos ou seja, podem ser pigmentados, moldados e com a mesma facilidade, qualidade e desempenho dos termoplasticos.

Fazem parte deste grupo os TPUs – poliuretanos termoplásticos , o SBS – estireno – butadieno – estireno, o SEBS – estireno – estileno – butadieno – estireno e os TPV termoplásticos vulcanizados.

Além deste grupo são encontrados no mercado diversas blendas resultante da mistura destes com termoplásticos com intuito de gerar materiais mais flexíveis, resistentes e faceis de moldar.

Aqui serão tratados os TPUs e o SEBs.

■ ESTIRENO – ETILENO – BUTADIENO – ESTIRENO SEBS – TRE

Características: processamento fácil, pigmentação fácil, dependendo da formulação podem ser atóxicos e antialérgicos.

Propriedades genéricas: excelente elongamento, boa adesividade, boa propriedade elétrica, moderada resistência ao rasgo e a temperaturas altas. Resistência química geral regular, baixa resistência a lubrificantes e gasolina.

Densidade: 0.96 g/cm^3.

Aplicações: peças que requeiram ótimo acabamento, precisão e pigmentação como *grips* de cabos de canetas, lapiseiras, escovas de dentes, ferramentas e outros produtos, componentes para calçados, rodízios, auto falantes, componentes de seringas descartáveis etc. Também como blenda com outros plásticos.

Processos mais indicados: injeção, sopro, extrusão e termoformagem.

Identificação:

Pela cor: bege claro.

Pela queima: não encontrado.

■ POLIURETANO TERMOPLÁSTICO – TPU

Características: primeiro elastômero termoplástico, possibilidade de obtenção de diferentes desempenhos de acordo com a base química que pode ser: poliéster, poliéter ou copolímeros. Pode ser combinado com outros plásticos.

Propriedades genéricas: alta elasticidade mesmo em temperaturas baixas. Alta resistência à tração e rasgamento; excelente resistência a abrasão; elevada resistência ao impacto; excelente para amortecer vibrações; elevada resistência a óleos e combustíveis.

Densidade: 1,20 a 1,24.

Aplicações: mangueiras e cabos, correias transportadoras, brinquedos, solas, elementos estruturais e outros, componentes para calçados (chuteiras, sapatos, tênis etc.), rodas para diversas aplicações, elementos funcionais e de vedação automotiva, filmes, revestimentos de fios e cabos, equipamentos médicos.

Processos mais indicados: extrusão, injeção, sopro.

▌MELHORANDO O DESEMPENHO

Muitas vezes é desaconselhável ou praticamente impossível especificar um tipo específico de plástico para a fabricação de um produto/componente mesmo que a maioria dos requisitos exigidos tenham sido contemplados. Diversos fatores podem contribuir para isto: o custo da matéria-prima ou do processo, o acabamento, o desempenho do material em condições específicas, o peso, a legislação, dentre inúmeras outras situações.

Para minimizar estes problemas os plásticos podem ter suas propriedades ligeiramente alteradas seja utilização de aditivos, pela mistura com outro tipo de plástico – blenda (do inglês blend = combinar misturar) – ou pela sua união com outro material de natureza distinta ou não – chamado de compósito ou material composto.

BLENDA

Blenda polimérica, ou simplesmente blenda, é a "terminologia adotada, na literatura técnica sobre polímeros, para representar as misturas físicas ou misturas mecânicas de dois ou mais polímeros, de forma que entre as cadeias moleculares dos polímeros diferentes só exista interação intermolecular secundária ou que não haja qualquer reação química tradicional entre as cadeias moleculares dos polímeros diferentes" (AGNELLI, 1994). Nesta mistura deverá haver um polímero predominante, chamado de principal (maior proporção), e o(s) outro(s) chamado(s) de modificador(es) (menor proporção). Podemos encontrar blendas já muito conhecidas e largamente comercializadas como é o caso do

Poliestireno de alto impacto (PSAI), fruto da mistura do Estireno e do Butadieno – neste caso, o butadieno veio contribuir para melhorar a resistência ao impacto do poliestireno comum que é bastante quebradiço (dúctil), em contrapartida o material perdeu sua transparência.

As blendas no entanto são desenvolvidas com vistas a aplicações de engenharia conforme exemplos abaixo:

» PC (policarbonato) + ABS (Acrilonitrila Butadieno Estireno) – o ABS como modificador contribui para melhoria do processamento, melhorar a resistência a reagentes e solventes e reduzir o custo sendo utilizada em carcaças de faróis, corpo de telefones celulares e outros equipamentos portáteis, carcaças de outros equipamentos que requeiram resistência ao impacto e excelente acabamento.

» PPO (polióxido de fenileno) + PS (poliestireno) – o poliestireno como modificador contribui com a redução de custo e a melhoria do processamento sendo utilizada em equipamentos elétricos, componentes para indústria automobilística, componentes de elétrodomésticos e outros equipamentos.

» PVC (Policloreto de Vinila) + PU (poliuretano) – o PU como modificador confere à mistura melhoria da resistência ao impacto e da resistência a intempéries, bem como maior facilidade de processamento sendo utilizada na fabricação de solados de sapatos.

» PA (Poliamida) + PE (Polietileno) – o poliestireno como modificador contribui para melhorar a resistência ao impacto e com a redução de custo. Esta blenda é utilizada em tanques de combustível.

Aditivos para Polímeros Sintéticos

Uma outra maneira de alterarmos a propriedade dos plásticos é por meio do emprego de aditivos sendo que, o material resultante desta mistura pode ser considerado um composto. Agnelli (1994) considera que material composto é "qualquer composição ou mistura de um plástico ou uma borracha, com aditivos".

A seguir exemplos de alguns tipos de aditivos com resumo de suas funções

Absorvedores UV – têm a função de proteger o plástico da degradação (perda das propriedades) causada por sua exposição aos raios ultravioletas. Muitos produtos que trabalham expostos aos raios solares como é o caso dos frisos fixados nas laterais de automóveis que são, em sua maioria, confeccionados em PVC flexível e empregam este aditivo sem o qual seriam inviáveis para este uso.

Agentes clarificadores – são substâncias que atuam no controle da cristalização da estrutura molecular do polímero originalmente opaco no sentido de promover sua transparência. Este tipo de aditivo é muito empregado em resinas como PP e PE para fabricação de embalagens alimentícias.

Agentes Antiestáticos – responsáveis pela dissipação de cargas eletroestáticas de artigos de plástico com vistas à redução de problemas relacionados a eletricidade estática como atração de poeira, concentração de eletricidade, aderência de filmes plásticos etc.

Alumina – carga mineral normalmente aplicada em resinas termofixas, a alumina apresenta as mesmas características da calcita com a diferença de não ser hidroscópica e de funcionar como retardante de chamas. No caso de aplicação em peças confeccionadas em resina poliéster reforçada com fibra de vidro, tanto a calcita quanto a alumina concorrem para redução de aproximadamente 1/3 do referido reforço possibilitando uma significativa redução de custo.

Antimicrobianos – impedem a proliferação de bactérias em produtos diretamente expostos a esta ocorrência como: solados, espumas de limpeza, espumas de assentos etc.

Antioxidantes – atuam quimicamente nos polímeros de forma a protegê-los da degradação por oxidação durante o processamento e no produto final durante o uso (em especial em aplicações de longa exposição a elevadas temperaturas). Como aplicações típicas destes aditivos podemos citar: revestimentos de fios e cabos, peças plásticas que vão ao microondas etc.

Calcita – carga mineral muito aplicada em resinas termofixas (principalmente a poliéster insaturada), com a função de aumentar rigidez, reduzir a incidência de empenos, reduzir a dilatação térmica, melhorar o acabamento superficial e reduzir o custo da peça. Por outro lado, o uso da calcita ocasiona a redução das propriedades mecânicas, a redução da translucidez e o aumento do peso. A calcita é hidroscópica, não sendo adequada para peças/produtos que funcionarão em contato constante com a água.

Lubrificantes – reduzem a viscosidade do termoplástico contribuindo para a facilitar sua moldagem diminuindo seu tempo de processamento e conseqüentemente o gasto com energia.

Pigmentos – são aditivos que têm a função de colorir o plástico antes ou durante o seu processamento. Podem ser encontrados na forma de pó, grãos ou em pasta (para termofixos). Os pigmentos podem ser completamente diluidos ou funcionarem de forma dispersa no plástico (como partículas coloidais) possibilitando diferentes efeitos. É recomendável um levantamento prévio junto aos fabricantes especializados neste segmento com o intuito de auxiliar a escolha do produto mais adequado.

Master Batch – concentrado de cor disperso em uma resina termoplástica (PP, PF, ABS etc.) em forma de grânulos que funciona como veículo. Entre os fabricantes, o master batch é considerado a melhor maneira de conferir cor aos termoplásticos principalmente pela excelente homogeneidade de pigmentação.

Plastificantes – são aditivos que procuram neutralizar as ligações moleculares secundárias de um plástico com vistas a modificar suas características durante e após o seu processamento. Assim sendo, os plastificantes atuam sobre um plástico de processamento difícil, seja por sua dureza ou rigidez, tornando-o mais "moldável" por conseguinte, mais fácil de processar além de propiciar economia de processo pela redução da temperatura necessária.

Retardantes de chama – são aditivos que eliminam ou reduzem a propagação de chamas de um plástico quando exposto ao fogo. Este tipo de aditivo é empregado em produtos confeccionados em plástico que componham ambientes que requeiram elevados níveis de segurança como, por exemplo, aviões. Existem plásticos que naturalmente impedem a propagação de chamas sem a necessidade deste aditivo como é o caso do PVC e do poliuretano.

PROCESSOS PARA OBTENÇÃO DE PEÇAS EM POLÍMEROS SINTÉTICOS

A seguir, teremos uma breve descrição de alguns processos de fabricação de peças em plástico. Para tal, dividimos o assunto em dois blocos: processos envolvendo termoplásticos e processos envolvendo termofixos. Conforme poderá ser visto, os processos de conformação para a obtenção de produtos em termoplásticos sempre envolvem as etapas de aquecimento do matéria-prima, moldagem e resfriamento da peça.

■ PROCESSOS ENVOLVENDO TERMOPLÁSTICOS E ELASTÔMEROS

LAMINAÇÃO

Produção econômica: alta.

Equipamentos: investimento médio/alto.

Ferramental: investimento médio/alto, calandras em aço ferramenta geralmente polido podendo ser gravado.

Aplicações: laminados termoplásticos (chapas, placas, folhas) – dependendo do termoplástico: bobinas (esp. até 1,0 mm), placas (esp.>1,0 mm) com largura de 1400 mm destinados ao processo de vacuum forming, material de revestimento decorativo (curvim, vulcouro etc.), placas para sinalização e PV.

Matéria-prima: praticamente todos os termoplásticos e elastômeros na forma de grânulos podem ser submetidos ao processo de laminação especialmente o Poliestireno (PSAI) e o Polietileno (PE).

Descrição do processo: processo contínuo (a partir do ajuste inicial do conjunto e da alimentação constante da matéria-prima, a produção ocorre sem interrupção), iniciado com a alimentação contínua de matéria-prima no funil de alimentação que direciona a sua entrada no interior do êmbolo da extrusora – canhão. Com a rotação do fuso (ou parafuso) no interior do êmbolo, o termoplástico vai entrando no estado plástico gradativamente em função do atrito e da ação das resistências elétricas posicionadas ao longo do percurso chegando ao final do canhão totalmente amolecido, sendo pressionado contra o "cabeçote de extrusão" que conduz o material a adquirir o formato laminar. A ação do cabeçote, contudo, não é capaz de permitir a obtenção direta de lâminas finas e/ou com gravação. Assim sendo, é necessário que o laminado aquecido seja submetido à passagem por calandras que conferem um ajuste mais preciso da espessura e do acabamento da superfície que poderá ser totalmente liso ou texturizado. Deste ponto em diante, o laminado é puxado por roletes e levemente resfriado para ser submetido ao corte no comprimento desejado.

É possível a obtenção de laminados formados por dois termoplásticos, neste caso existirão duas extrusoras cada qual com seu cabeçote fornecendo simultaneamente dois laminados que se encontram na região das calandras.

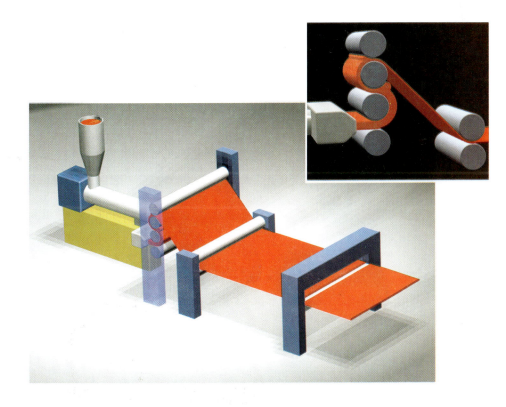

EXTRUSÃO

Produção econômica: alta.
Equipamentos: alto.
Ferramental: investimento variando de médio/alto a alto, pelo fato da confecção da matriz ser dependente da experência do profissional responsável – a complexidade do desenho a matriz (a geometria tubular torna mais complexa e cara), bem como o tipo de plástico escolhido, são determinantes neste sentido.

Aplicações: perfilados termoplásticos em geral para indútria moveleira (acabamentos e estruturais), indústria automobilística (frisos laterais, acabamentos internos, linha branca (vedação de geladeira etc.), instalações elétricas, conduítes, tubos para construção civil (água e esgoto), tubulações para saneamento público, mangueiras, tubos de ar comprimido;

Matéria-prima: praticamente todos os termoplásticos na forma de grânulos podem ser submetidos ao processo de extrusão, aqui o PVC (rígido, semi-rígido e flexível) merece destaque.

Descrição do processo: a exemplo do processo anterior, a obtenção de perfilados (ou perfis) plásticos inicia-se com a deposição do termoplástico na forma de grânulos dentro do funil de alimentação da máquina que propicia a entrada desta matéria-prima no interior do êmbolo da extrusora. A partir deste ponto, com a rotação do fuso (parafuso ou rosca) que se encontra no interior do êmbolo, o material é gradativamente transportado e aquecido (em função do atrito e das resistências ao longo do percurso) chegando ao final do êmbolo totalmente amolecido, sendo pressionado contra o "cabeçote de extrusão", que

tem a função de limitar a massa plástica ao formato de secção desejada. A partir deste ponto, o material é gradativamente resfriado em banheiras apropriadas e por fim, cortado no comprimento previamente determinado.

É importante salientar que os perfis feitos com termoplásticos mais flexíveis, na maioria das vezes, podem ser enrolados para facilitar o transporte e o uso final. O mesmo não acontece com os perfis rígidos que por uma limitação de espaço para armazenamento e transporte tem de ser cortados durante o processo – neste caso é aconselhável consultar o fabricante sobre o melhor aproveitamento.

Por fim, vale ressaltar que podemos obter um perfilado constituído por dois plásticos (co-extrusão) distintos – que é muito utilizado para confeccionar perfis com partes rígidas e flexíveis.

TERMOFORMAÇÃO

Termoformação ou termoformagem corresponde a um grupo de processos de conformação que utilizam temperatura e pressão de vácuo ou ar comprimido para obtenção de peças. Neste âmbito, o processo mais conhecido e pioneiro é o vacuumforming existindo outros dele derivados.

Vacuumforming

Produção econômica: baixa/média (dependente da geometria e do tamanho da peça – para peças grandes em torno de até 10.000/ano).

Equipamentos: investimentos baixo/médio a médio/alto (dependendo da máquina), o processo pode, de acordo com o tipo de peça e da quantidade, demandar muita mão-de-obra ou automatização.

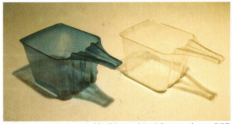

Medidores de sabão em pó, em PET

Ferramental: depende do volume de produção desejado, da complexidade e do tamanho da peça:

a) Tiragens mais baixas – moldes em madeira, compensado, massa plástica (investimento baixo);

b) Tiragens médias – moldes em resina epóxi ou similares (investimento baixo/médio);

c) Tiragens altas – moldes em alumínio (investimento médio).

Aplicações: indústria automobilística/ônibus e caminhões – peças de tamanho médio como painéis, tampas em geral, pequenas carenagens, acabamentos de bancos, coifas de ar, porta-ferramentas etc., assentos para carrinhos de bebê, displays, embalagens para produtos eletrônicos, embalagem de alimentos, bandejas, kits/produtos promocionais, pratos/copos para festas, descartáveis etc.

Matéria-prima: os termoplásticos mais empregados são: PS, PE, PP, ABS, PMMA, PC, PVC, PETG etc., todos na forma laminar com espessura podendo variar de décimos de milímetro à outras substancialmente maiores (da ordem de 10 mm ou mais).

Descrição do processo: processo de conformação que consiste no aquecimento de um laminado termoplástico por meio de resistências elétricas até o ponto em que o material esteja suficiente amolecido para ser aplicado sobre um molde (o que não garante um resultado satisfatório). Ocorre então a ação do vácuo com o intuito de forçar o laminado aquecido de encontro a parede do molde. Este succionamento é feito pela ação de uma bomba de vácuo (posicionada abaixo da região de moldagem) e de pequenos furos distribuidos estrategicamente sobre a superfície do molde. Após a moldagem e o resfriamento a peça é submetida ao processo de usinagem para retirada de rebarbas, execução de furos e demais acertos que não podem ser feitos du-

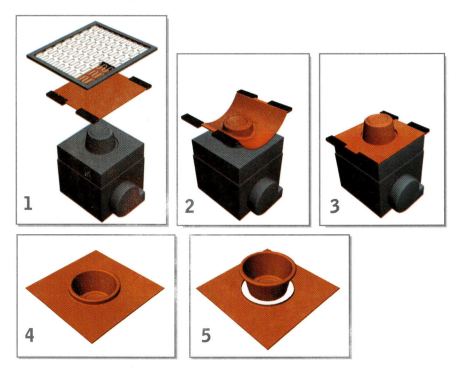

rante o processo. A retirada de rebarbas, que é inerente ao processo de *vacuumforming*, pode ser executada manualmente ou por dispositivos automáticos. As sobras decorrentes do rebarbamento são moídas e misturadas em dosagens pré-estabelecidas com material virgem para fabricação de novas chapas.

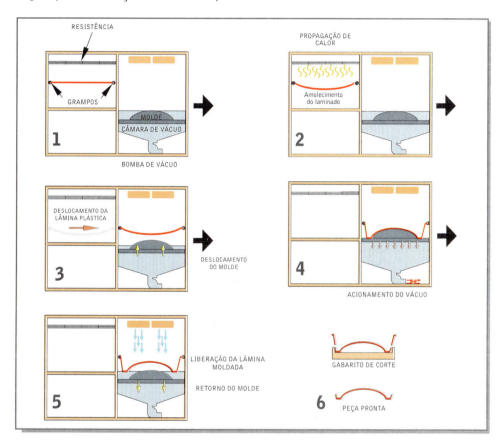

VARIAÇÃO DO PROCESSO

O processo de moldagem a vácuo originou diferentes subprocessos que foram sendo desenvolvidos ao longo do tempo em vistas a obtenção e resultados até então impossíveis de serem alcançados no processo original, como a aplicação de texturas, encaixes precisos, peças profundas entre outros. Alguns desses subprocessos serão mostrados a seguir.

É comun também encontrar em situações específicas ajustes ou alterações e as empresa transformadoras do ramo fazem em suas máquinas/processos para atingir alguma vantagem ou resultados diferenciados em suas peças.

Moldagem à vacuo com auxilio de estrutura

Produção econômica: similar ao *vacuumforming*.

Equipamentos: similar ao *vacuumforming*.

Ferramental: similar ao *vacuumforming*.

Aplicações: peças com grandes dimensões e profundidade de moldagem para indústria automobilística/ônibus e caminhões peças de tamanho médio como painéis, tampas em geral, pequenas carenagens, acabamentos de bancos, porta-ferramentas, coifas de ar etc.; peças para eletrodoméstico como gabinetes internos de geladeiras, displays, tanquinhos etc.

Matéria-prima: similar do *vacuumforming*.

Descrição do processo: para a moldagem de peças com altura elevada pode ser empregado o uso de estruturas que trabalham empurrando o laminado termoplástico aquecido de encontro ao molde auxiliando a moldagem juntamente com o vácuo.

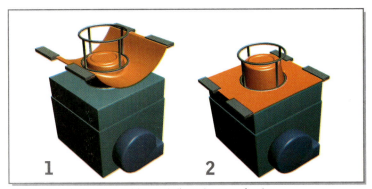

Moldagem e rebarbagem e reciclagem similares do *vacuumforming*.

Pressure Forming

Produção econômica: baixa/média (dependente da geometria e do tamanho da peça - para peças grandes em torno de até 10.000/ano).

Equipamentos: investimentos médio a médio/alto (dependendo da máquina).

Ferramental: depende do volume de produção desejado, da complexidade e do tamanho da peça:

   a) Tiragens mais baixas – moldes em madeira, compensado, massa plástica (investimento baixo);
   b) Tiragens médias – moldes em resina epóxi ou similares (investimento baixo/médio);
   c) Tiragens altas – moldes em alumínio (investimento médio).

Aplicações: peças técnicas de tamanho pequeno, médio ou grande que requeiram aplicação de texturas ou detalhamento sofisticado (rebaixos, encaixes etc.), indústria automobilística/ônibus e caminhões – pára-lamas, spoilers, grades de ventilação, painéis em geral, bancos e cadeiras, acabamentos internos como tetos, tampas de acesso etc.; peças técnicas gabinetes internos de geladeiras, assentos para carrinhos de bebê, displays etc.;
Matéria-prima: os termoplásticos mais empregados como PS, PE, PP, ABS, PMMA, PC, PVC, PETG etc., todos na forma laminar que pode variar de décimos de milímetro a espessuras substancialmente maiores (da ordem de 10 mm ou mais).
Descrição do processo: derivação do processo de *vacuumforming* que, conforme foi visto, consiste no aquecimento de um laminado termoplástico por meio de resistências elétricas até o ponto que o material esteja suficiente amolecido para ser aplicado sobre um molde (o que não garante um resultado satisfatório). Da mesma forma que no vacuumforming da-

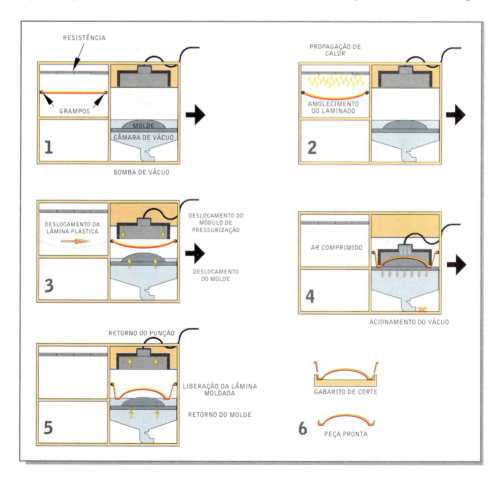

se então a ação do vácuo com o intuito de forçar o laminado aquecido de encontro a parede do molde (bomba de vácuo) que no entanto não é forte o suficiente para fazer com que o material consiga ser moldado por completo em virtude da profundidade, de texturas e/ou outros detalhes. Neste sentido um outro dispositivo atua no sentido de forçar mecanicamente com insuflação de ar o laminado aquecido (auxiliando o vácuo que está simultaneamente a este atuando) até que todas as paredes do molde tenham sido devidamente copiadas.

Após a moldagem e o resfriamento, a peça também é submetida ao processo de usinagem para retirada de rebarbas, execução de furos e demais acertos que não podem ser feitos durante o processo. A retirada de rebarbas, que é inerente ao processo como no *vacuumforming*, geralmente é executada de forma manual sendo que as sobras decorrentes deste rebarbamento são moídas misturadas ao material virgem.

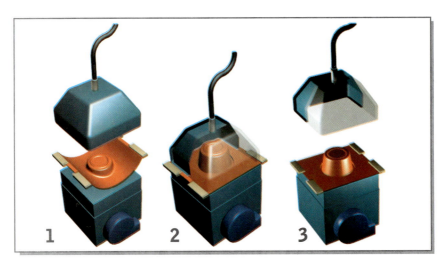

Twinsheet

Produção Econômica: baixa/média (para peças grandes em torno de até 10.000/ano).

Equipamentos: investimentos médio a médio/alto (dependendo da máquina).

Ferramental: depende do volume de produção, complexidade e tamanho da peça – em geral quase o dobro do que seria no *vacuumforming*:

    a) Tiragens mais baixas moldes – provisório – em madeira, compensado, massa plástica (investimento baixo);

    b) Tiragens médias – moldes em resina epóxi ou similares (investimento baixo/médio);

c) tiragens altas – moldes em alumínio (investimento médio).

Aplicações: peças de dimensões pequenas, médias e grandes que por razões específicas (resistência, estabilidade etc.) tenham de ser ocas – peças técnicas para diversas aplicações – pára-choques, painéis, bandejas lente de luminárias, escotilha de emergência/ventilação de ônibus e caminhões etc.

Matéria-prima: os mais empregados são PS, PE, PP, ABS, PMMA, PC, PVC, SAN e PETG, todos na forma laminar que pode variar a espessura conforme processos anteriores.

Descrição do processo: o processo equivale ao aquecimento, moldagem a vácuo, e usinagem de dois laminados simultaneamente. Além disso, é necessário que ocorra um insuflamento de ar entre as duas lâminas aquecidas para garantir que elas não se toquem e que os detalhes mais difíceis da superfície de cada molde sejam copiados da melhor forma possível. Após a moldagem, a peça também é usinada (retirada de rebarbas etc.) e as rebarbas são recicladas.

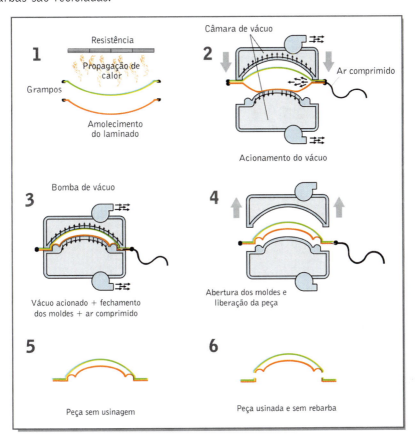

OBSERVAÇÕES

ÂNGULO DE SAÍDA – evitar paredes a 90º ou mudanças bruscas de superfícies que comprometem, dificultam a moldagem e o desempenho da peça. O ângulo aconselhável é maior ou igual a 2º.

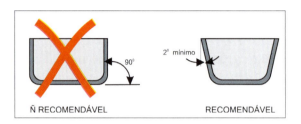

CANTOS VIVOS – os cantos vivos são praticamente impossíveis de serem obtidos.

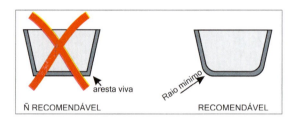

MARCAS DE REBARBAMENTO – a presença de rebarbas é inerente a todos os processos de termoformagem e deve ser prevista para que não comprometa o acabamento da peça.

MOLDE MACHO OU FÊMEA – como existe a possibilidade de se obter peças utilizando molde macho (positivo) ou molde fêmea (negativo), é recomendável considerar alguns aspectos básicos para que não haja comprometimento da peça fabricada quanto: acabamento superficial, a profundidade de moldagem e a perda de espessura de paredes. No primeiro caso, podemos dizer que geralmente o pior acabamento ocorrerá na superfície que entrou em contato com o molde. O segundo caso é conseqüência do inevitável estiramento do material, inerente ao(s) processo(s), que é limitado conforme o tipo de molde utilizado (a seguir, desenhos com recomendações sobre profundidade de moldagem). Por último, a perda de espessura que varia de acordo com a região da peça (ver figura abaixo) sendo importante uma análise cuidadosa durante a especificação do projeto.

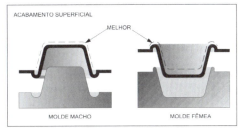

INJEÇÃO

Produção econômica: alta/altíssima (dependente da máquina, do molde, da geometria e do tamanho da peça – milhares de peças/dia).

Equipamentos: investimento muito alto; o processo requer além de injetoras (para fabricação de peças), de equipamentos para refrigeração como dutos, refrigeradores, torres de refrigeração; matrizaria (no mínimo para pequenos trabalhos nos moldes), instalações apropriadas para armazenamento e transporte interno de matéria-prima e matrizes entre outros.

Ferramental: moldes metálicos em aço-ferramenta (geralmente) podendo ser de outro metal mais econômico e fácil de usinar, ou mesmo de resina termofixa em epoxi para tiragens mínimas de caráter experimental. Contudo, o investimento será sempre alto (molde provisório) ou muito alto (molde definitivo).

Aplicações: peças que requeiram de forma marcante altas escalas de produção, elevada precisão dimensional, ótimo acabamento. É muito difícil limitar a amplitude de possíveis produtos advindos do processo de injeção contudo, dentre os exemplos mais expressivos podemos citar: peças e componentes para eletrodomésticos em geral (televisores, aparelhos de som, ares-condicionados, liqüidificadores, batedeiras, ventiladores, fornos etc.), utensílios domésticos (potes e tampas para acondicionamento diversos, pratos, cestos de roupas, lixeiras etc.) peças para indústria de automobilísticas (painéis, porta-luvas, manoplas, carcaças de espelhos, consoles, acabamentos em geral, pára-choques etc.), peças e componentes para equipamentos de escritório (canetas, lapiseiras, grampeadores, facas, tesouras, calculadoras, luminárias, relógios etc.) peças e componentes para interior de aviões (trincos, bagageiros, luminárias etc.), equipamentos esportivos, brinquedos, eletro-eletrônicos, equipamentos médico-hospitalares, carcaças de telefones e celulares, embalagens diversas, modelos em escala etc.

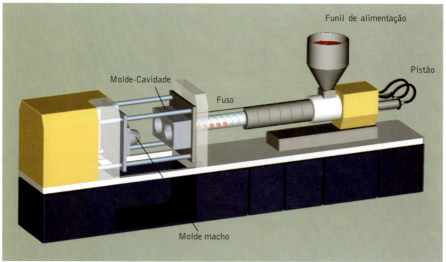

Desenho esquemático de uma injetora

Matéria-prima: termoplásticos na forma de grânulos, sendo os seguintes mais empregados: PS, PE, PP, ABS, PMMA, PC, PVC, SAN, PET, além das blendas de PC+ABS, PA+PE, PPO+PS, entre outras.

Descrição do processo: processo intermitente iniciado com a deposição do termoplástico dentro do funil de alimentação da máquina que aqui, além da função de armazenamento, dosa a entrada de um volume preciso da matéria-prima no interior do êmbolo da extrusora. Com a entrada do material no êmbolo, o fuso (ou parafuso), que se encontra no seu interior, é rotacionado pelo motor elétrico de forma a conduzir o material para extremidade oposta e, concomitantemente, propiciar seu aquecimento (em função do atrito gerado pelo movimento e da ação das resistências elétricas posicionadas ao longo do percurso) chegando ao final praticamente fundido. Neste momento, o material é pressionado contra o "bico de injeção" (e posteriormente do "canal de injeção") molde de forma a poder preencher a(s) suas cavidade(s) – esta pressão é exercida pelo próprio fuso que, neste estágio funciona não mais rotacionando mas sim como uma seringa de injeção empurrada por pistãos posicionados na região posterior da máquina.

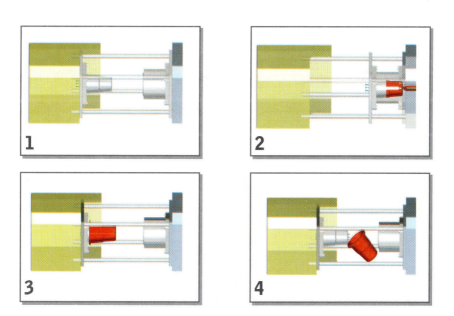

Após o preenchimento completo da cavidade, dá-se o resfriamento da(s) peça(s) (e do molde) feito pela passagem de água gelada pelos dutos que se encontram no interior das paredes do molde. Com a peça devidamente resfriada, o molde é aberto para que a mesma possa ser retirada. Dependendo da geometria e/ou do tipo de plástico empregado, pode ser necessário o uso dos chamados "pinos extratores" que têm a função de empurrar a(s) peça(s) que ficam presas ao molde (geralmente ao macho).

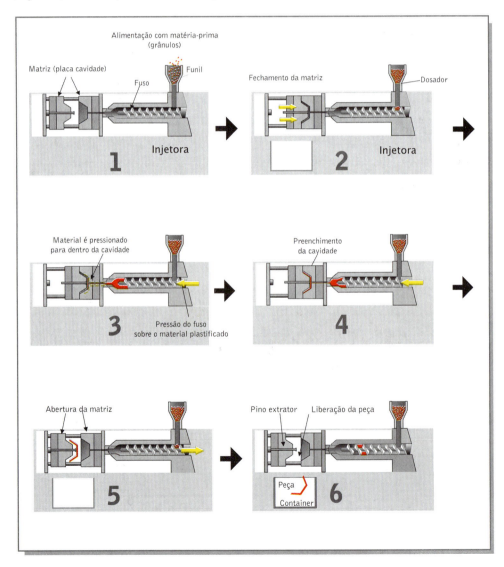

Os avanços dos processos de transformação de plástico têm na injeção seu maior representante. Face aos inúmeros dispositivos/sistemas que se adequam a diferentes situações de moldagem como aplicação de insertos, gavetas etc. Além disso o processo de injeção clássico apresenta como variantes a co-injeção e a injeção assistida a gás ambas descritas abaixo.

■ **CO-INJEÇÃO**: é processo que consiste na injeção de matéria-prima no molde, simultaneamente ou não, por dois canhões de extrusão o que propicia a obtenção de peças constituídas por dois plásticos distintos – seja pelo tipo, pela cor ou pelo comportamento mecânico, aliado a precisão e acabamento peculiares do processo de injeção.

■ **INJEÇÃO ASSISTIDA A GÁS**: processo que consiste na injeção parcial de matéria-prima no molde. Quando a injeção cessa um dispositivo posicionado na região de entrada do material no molde (bico de injeção) insufla nitrogênio na massa plástica fazendo com que ela seja empurrada contra as paredes do molde. As peças provenientes deste processo são, em algumas regiões, ocas com nível de precisão, detalhamento e acabamento peculiares ao processo de injeção. Comparado com a injeção tradicional, neste processo temos uma substancial economia de consumo de matéria-prima (podendo chegar a ordem de 80%), temos a redução do consumo de energia pelo fato de, durante a injeção, a matéria-prima não precisar preencher por completo a cavidade do molde como também pelo tempo menor de resfriamento da peça após a moldagem. Além disso, as peças obtidas são mais leves.

Outros fatores, também podem ser considerados como avanços no âmbito do processo de injeção são: a possibilidade de utilização de dois fusos (parafusos ou roscas) – para injeção mais rápida; dispositivos de câmara quente – que eliminam a necessidade de canais de injeção propiciando redução de sobras, obtenção de peças grandes, melhoria do produto obtido etc.

> **OBSERVAÇÕES**
>
> ÂNGULO DE SAÍDA (ou de extração) – devem-se evitar, quando possível, paredes a 90° ou mudanças bruscas de superfícies (principalmente em peças profundas) pois dificultam a extração além de poder comprometer o acabamento (empenos e deformações superficiais).
>
> PAREDES – não é recomendável fabricar peças totalmente maciças no processo de injeção, pelas seguintes razões: aumento de peso, maior consumo de matéria-prima, e surgimento de deformações na superfície da peça. Para evitar esses inconvenientes deve-se prever paredes (mais finas possíveis).
>
>
>
> Geometria básica desejada   Peça maciça   Peça com paredes
>
> MUDANÇA DE ESPESSURA – muitas vezes faz-se necessário alterar as espessuras das paredes da peça em função de um encaixe, um ponto de fixação, um apoio etc. Quando isso ocorrer, a mudança de espessura deve ser suave para evitar problemas durante o processo (escoamento do material na cavidade da matriz e extração da peça) e marcas na superfície da peça.
>
>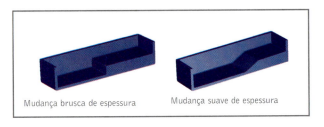
>
> Mudança brusca de espessura   Mudança suave de espessura

SOPRO
Extrusão-sopro

Produção Econômica: alta/altíssima (dependente do molde, da máquina, da geometria e do tamanho – milhares de peças/dia).

Equipamentos: investimentos alto a muito alto dependendo do grau de automação como também das atividades requeridas aos equipamentos (ex.: corte da boca da peça, organização dos lotes produzidos, separação das sobras do processo, alimentação automática etc).

Ferramental: moldes metálicos em aço-ferramenta geralmente podendo ser de outro metal mais econômico e fácil de usinar – muito embora demande menos complexidade do que os moldes para injeção o investimento aqui é sempre alto – o molde apresenta elevada vida útil.

Aplicações: peças ocas como frascos para indústria de cosméticos, farmacêutica, produtos de limpeza entre outras, bombonas, regadores, reservatórios, tanques de combustível etc. Os reservatórios podem ser classificados de acordo com suas capacidades em litros como por exemplo: 180 litros – grande capacidade, 30 litros – média capacidade.

Matéria-prima: PEBD, PEMD, PEAD, PP, PVC e, em menor quantidade PA, PC, alguns elastômeros e blendas na forma granular.

Diferentes garrafas sopradas ainda com rebarba presas na região da boca

Parte do molde de frasco com 7 cavidades

Tanque de combustível soprado

Peças recém-moldadas

Descrição do processo: processo iniciado com a deposição do termoplástico dentro do funil de alimentação da máquina que propicia a entrada desta matéria-prima no interior do êmbolo da extrusora. Com a entrada do material no êmbolo, o fuso (parafuso ou rosca), que se encontra no seu interior, é rotacionado pelo motor elétrico de forma a conduzir o material para extremidade oposta e, simultaneamente, concorrer para seu aquecimento (em função do atrito gerado pelo movimento e da ação das resistências elétricas posicionadas ao longo do percurso) chegando ao final praticamente fundido.

Neste momento, o material é pressionado contra o cabeçote de extrusão gerando o chamado "parinson" (que é a massa plástica aquecida com formato tubular) também chamado de macarrão. Após atingir o comprimento necessário, a extrusão do parinson cessa e ocorrendo, sobre este, o fechamento do molde (que é dividido em dois moldes cavidades). Concomitantemente ou logo após o fechamento do molde, dá-se início o insuflamento de ar executado por um bico soprador posicionado numa das extremidades do parinson (que muda de acordo com a máquina utilizada). A pressão do ar exercida faz com que o então tubo plástico seja expandido até encontrar as paredes internas dos moldes-cavidades adquirindo sua forma. Os moldes-cavidades são então abertos e a peça moldada extraída de seu interior.

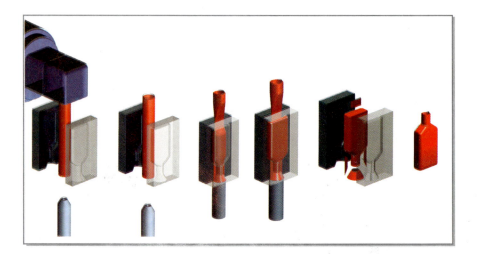

O processo de extrusão-sopro apresenta variações visando atender, por exemplo, a obtenção de peças de diferentes capacidades (diferentes volumes) e níveis diferenciados de produção.

Para ambos os casos podemos encontrar máquinas nas quais a extrusão do *parinson* ocorre de forma contínua (maior velocidade) que trabalham com dois ou mais moldes ou intermitente, que geralmente trabalha com apenas um molde; máquinas dotadas de dois ou mais cabeçotes de extrusão que necessitam, respectivamente, de tantos moldes quantos forem os parinsons. A produção pode ser aumentada quando utilizamos moldes com duas ou mais cavidades (peças até 700 g).

Outra possibilidade dentro do processo de extrusão-sopro é a chamada co-extrusão por meio da qual é possível a obtenção de um parinson formados por dois ou mais tipos diferentes de plásticos para fabricação de peças constituídas por multicamadas que assim o são por razões eminentemente técnicas e/ou decorativas e/ou econômicas.

Injeção sopro

Produção econômica: alta/altíssima (aproximadamente 1 milhão de peças/ano).

Equipamentos: investimentos muito alto, superior ao do processo de extrusão-sopro pois depende de duas estações de moldagem e entre elas uma estação de aquecimento das pré-formas.

Ferramental: moldes metálicos em aço-ferramenta sendo aqui o investimento sempre alto pela necessidade de moldes para injeção da(s) pré-forma(s) e de molde(s)-cavidades para o sopro – moldes com elevada vida útil.

Aplicações: peças ocas (geralmente com bocas largas) como frascos mais refinados para indústria de cosmético, farmacêutica, alimentícia, reservatórios, garrafas de refrigerantes e outros recipientes que não possam ser fabricados pelo processo de extrusão-sopro.

Matéria-prima: PET, copolímeros de PP, são os termoplásticos mais empregados.

Descrição do processo: o processo de injeção sopro depende, em termos básicos, de duas estações (podendo chegar a três ou quatro de acordo com a necessidade de produção): a primeira responsável pela fabricação das pré-formas (que aqui faz o papel do parinson na extrusão-sopro) e a segunda, responsável pelo sopro propriamente dito. O processo é iniciado na estação de injeção por meio da qual são obtidas peças injetadas, geralmente no formato de ampolas (o processo é similar ao processo de injeção descrito anteriormente). As ampolas são então aquecidas e transferidas para estação de sopro na qual cada ampola é posicionada no molde final sendo soprada com pressão suficiente a forçar seu estiramento até encontrar as paredes internas das respectivas cavidades. Para os frascos de grandes dimensões, como os de refrigerante 2 litros, a ampola aquecida é estirada mecanicamente por uma haste para que possa ser alcançado a altura desejada e depois é soprada. Após a moldagem, a peça é liberada.

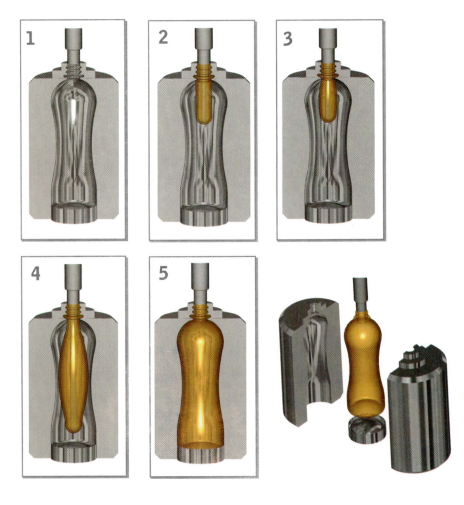

ROTOMOLDAGEM

Produção econômica: média (de 1000 a 10000 peças/ano).

Equipamentos: investimentos médio a alto dependendo do tamanho da peça e do tipo de equipamento empregado.

Ferramental: moldes metálicos em geral feitos em chapas de aço inox (de 2 a 3 mm), em alumínio fundido (mais econômico) com estrutura de reforço externo. Em termos comparativos pode custar cerca de 1/4 a 1/3 do valor de um molde para injeção.

Aplicações: peças ocas, com geometria complexa (formas intrincadas) podendo ser pequenas, médias ou grandes destinadas à indústria de brinquedos – bolas, velocípedes, carrinhos, casinhas, escorregas e outros equipamentos para áreas de lazer infantil, reservatórios para indústria química, bóias salva-vidas e de sinalização marítima, indústria naval, caixas-d´água, displays, embalagens, tanques de combustível, tanques, pallets, mobiliário, lixeiras, equipamentos hospitalares, equipamentos para obras públicas etc.

Matéria-prima: termoplásticos em geral na forma de pó (podendo ser empregado também material com agentes expansores) sendo os seguintes mais utilizados – PP, PEAD, PEMD e o PVC entre outros.

Descrição do processo: a rotomoldagem é um processo de baixa pressão que consiste em três etapas:

1) Alimentação da matéria-prima, geralmente na forma de pó ou micronizada, no interior do molde metálico;
2) O molde é então fechado e submetido ao aquecimento em forno, sendo que, simultaneamente, ocorre uma rotação lenta em dois eixos (vertical e horizontal) – com a ação do calor e da rotação a matéria-prima vai sendo gradualmente espalhada por toda superfície das paredes internas do molde;
3) Com a moldagem concluída o molde, ainda em movimento, é submetido a um resfriamento gradual feito por meio de ventilação e/ou jatos de água. Após o resfriamento encerrado, o molde é, então, aberto e a peça retirada de seu interior.

Seqüência resumida do processo de rotomoldagem

PROCESSOS ENVOLVENDO TERMOFIXOS

COMPRESSÃO

Produção econômica: média/alta.

Equipamentos: prensas hidráulicas, sistemas de secagem e preparação da matéria-prima, investimento alto.

Ferramental: moldes em aço-ferramenta geralmente bipartidos de custo e vida útil elevados.

Aplicações: peças técnicas de elevada precisão para a indústria elétrica – caixas de distribuição, disjuntores, conectores, tomadas, manoplas, etc., indústria eletrônica – espaçadores, isoladores, conectores etc., indústria automobilística – painéis, coifas, grades, pára-choques, conectores etc., utensílios domésticos – pratos, baixelas, espátulas, descansos, cabos para panelas, cutelaria etc.

Matéria-prima: na forma de pó – baquelite, resina melamina-formaldeído, resina uréia-formaldeído, ou na forma de massa plástica ou de lençol de massa plástica – como o composto de resina poliéster insaturada (geralmente) + fibra de vidro.

Descrição do processo: considerado o processo mais antigo para obtenção de peças plásticas, a moldagem por compressão emprega um conjunto formado por prensa hidráulica, molde (geralmente bipartido) com uma partição estática – fixada sobre a base da prensa – e outra móvel - que se desloca com a ação de fechamento da prensa. O processo consiste na deposição de matéria-prima (em quantidade

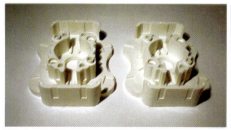

Válvula rotativa

previamente estabelecida) na cavidade fixa do molde. A partir de então ocorre o deslocamento da parte suspensa do molde (de cima para baixo) pela ação da prensa no sentido de comprimir a matéria-prima. A ação da compressão e da elevação de temperatura (promovida pelo aquecimento do molde por resistências elétricas) concorre, respectivamente, para que o material preencha por completo a cavidade e seja endurecido. Concluída a moldagem, o molde é aberto e a peça retirada.

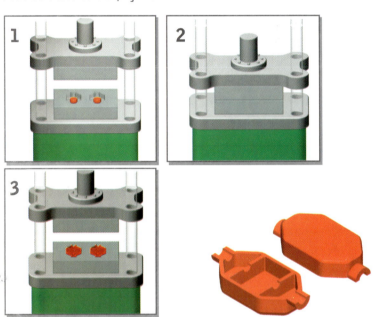

LAMINAÇÃO

Grupo de processos substancialmente econômico e de tecnologia acessível, sendo o do **tipo manual** – indicado para fabricação de peças pequenas (em torno de 500 mm^2) até médias que requeiram maior controle de espessura de parede e baixa escala de produção e, o **à pistola** – indicado para fabricação de peças grandes (tamanho ilimitado) e/ou que requeiram maior produtividade. Em ambos os casos existem os seguintes inconvenientes: inevitável ocorrência de perdas de material tanto de resina como de fibra de reforço e a agressividade do processamento ao meio ambiente (dispersão de fragmentos de fibra de vidro e outros elementos como estireno).

Laminação manual

Produção econômica: pequena.

Equipamentos: de trabalho manual (espátulas, rolos etc.), material de proteção/ segurança dos operadores, misturadores, bancadas, serra de fita, lixadeiras e outras máquinas de pequeno porte, estufas.

Ferramental: fôrmas em resina poliéster ou epóxi reforçadas com fibra de vidro e estruturadas com madeira (vida útil pequena) e ou metal (vida útil maior) – baixo investimento.

Aplicações: peças pequenas e médias com acabamento em apenas uma das faces que requeiram maior controle de espessura de uso específico como em trailers, ônibus, caminhões, veículos especiais, indústria naval, lanchas, veleiros etc. equipamentos e mobiliário público, guaritas etc.

Matéria-prima: gel coat (por exemplo: resina ortoftálica + pigmento com cor desejada para resina poliéster), resina poliéster insaturada ou epóxi como componente matricial, fibra de vidro (na forma de fio, manta ou tecido) fibra de carbono etc., ou combinação como componente estrutural.

Descrição do processo: a seqüência do processo de laminação manual consiste em...

1) Preparação da fôrma/molde limpeza e aplicação de desmoldante na superfície;
2) Aplicação de gel coat (apropriado à resina empregada) manualmente ou com pistola de pintura sobre a superfície do molde. O gel coat tem a função de auxiliar a verificação da qualidade, a identificação e a pintura da peça pronta;
3) Aplicação da fibra de vidro (rooving, tecido ou manta) manualmente;
4) Aplicação da resina (catalizada e acelerada se a cura for à temperatura ambiente) com pincel e roletes para a uniformização do material. Esta seqüência repete-se quantas vezes forem necessárias, até que seja obtida a espessura desejada (cada aplicação-seqüência corresponde aproximadamente a 1mm) sendo que, a cada 3 camadas aplicadas o processo deve ser interrompido para que a temperatura gerada pela polimerização/cura da resina poliéster (pico exotérmico) possa ser liberada sem obstrução (aplicação de mais uma camada) – nesta etapa;
5) Com o término da laminação, o excesso de material é retirado ficando a peça, ainda úmida, dentro da fôrma por um período necessário (de acordo com o tamanho, a umidade do ar, se a cura é em estufa ou não etc.) para que o processo de cura seja concluído;

6) A peça é desmoldada e encaminhada obrigatoriamente para processos de melhoria, usinagem e montagem de componentes (se necessário).

Laminação à pistola

Produção econômica: pequena, porém superior ao processo manual.

Equipamentos: de trabalho manual (espátulas, rolos etc.), material de proteção/ segurança dos operadores, misturadores, bancadas, serra de fita, lixadeiras e outras máquinas de pequeno porte, estufas, pistolas e demais equipamentos de aplicação.

Ferramental: fôrmas em resina poliéster ou epóxi reforçadas com fibra de vidro e estruturados com madeira (vida útil pequena) e ou metal (vida útil maior) – baixo investimento.

Aplicações: peças médias, grandes ou maiores com acabamento em apenas uma das faces que não requeiram controle de espessura preciso como por exemplo frentes de ônibus e caminhões, carrocerias de veículos especiais, cascos de lanchas e veleiros, carenagens, veículos de competição, equipamentos e mobiliário público etc.

Matéria-prima: gel coat (por exemplo: resina ortoftálica + pigmento com cor desejada para resina poliéster), resina poliéster insaturada ou epóxi como componente matricial, fibra de vidro (na forma de fio, manta ou tecido) fibra de carbono etc., ou combinação como componente estrutural.

Descrição do processo: a seqüência do processo de laminação à pistola consiste em...
1) Preparação da fôrma/molde limpeza e aplicação de desmoldante na superfície;
2) Aplicação de gel coat (apropriado à resina empregada) manualmente ou com pistola de pintura sobre a superfície do molde. O gel coat tem a função de auxiliar a verificação da qualidade, a identificação e a pintura da peça pronta;
3) Aplicação da resina e fibra de vidro (rooving) simultaneamente por pistola;
4) Aplicação da resina (catalizada e acelerada se a cura for à temperatura ambiente) com pincel e roletes para a uniformização do material. Esta seqüência repete-se, quantas vezes forem necessárias, até que seja obtida a espessura desejada (cada aplicação-seqüência corresponde aproximadamente a 1mm) sendo que, a cada 3 camadas aplicadas (aproximadamente), o processo deve ser interrompido para que a temperatura gerada pela polimerização/cura da resina poliéster (pico exotérmico) possa ser liberada sem obstrução (aplicação de mais uma camada) – nesta etapa;

5) Com o término da laminação, o excesso de material é retirado ficando a peça, ainda úmida, dentro da fôrma por um período necessário (de acordo com o tamanho, a umidade do ar, se a cura é em estufa ou não etc.) para que o processo de cura seja concluído;
6) A peça é desmoldada e encaminhada obrigatoriamente para processos de melhoria, usinagem e montagem de componentes (se necessário).

Além dos processos manual e à pistola existem derivações diretas da laminação como aquelas que empregam moldes macho e fêmea simultaneamente para peças com espessuras mais controladas, o processo que emprega a aplicação de filme termoplástico sobre a superfície do molde (a este fixado pela ação de vácuo) que elimina a necessidade de desmoldante e confere excelente acabamento superficial à peça.

Modelo para fabricação de fôrmas

Preparação da fôrma para produção

Aplicação da resina e fibra picotada sobre a superfície da fôrma

Peça obtida já rebarbada

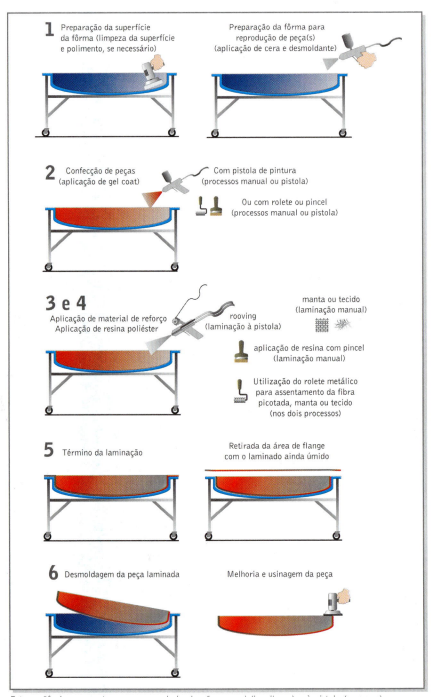

Esta seqüência representa os processos de laminação manual (handle up) e à pistola (spray up)

Outras laminações

Existem outras maneiras de se obter laminados em resinas com reforço partindo de um processo manual ou à pistola como é o caso do contramolde ou como o que utiliza uma bola (ou balão) que sendo inflado, comprime as paredes do laminado.

Em ambos busca-se garantir espessuras uniformes e melhor acabamento. Além disso, ambos são menos agressivos ao meio ambiente do que os processos de laminação tradicionais descritos anteriormente.

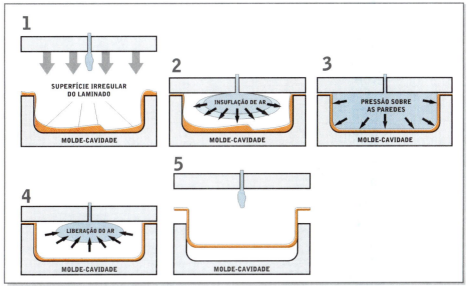

Seqüência esquemática do processo de laminação auxiliado por balão de ar

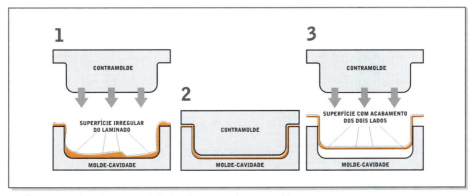

Seqüência esquemática do processo de laminação com uso de contramolde

RTM

Produção econômica: média – em torno de 1000 a 10000 peças/ano.

Equipamentos: investimentos médio a alto.

Ferramental: confeccionado de acordo com a necessidade de produção – em resina epóxi reforçado com fibra de vidro (casca) e reforço estrutural com cimento ou tubos metálicos – para produção piloto, experimental ou para baixíssima escala de produção, alumínio fundido para médias escalas de produção, ou em aço-ferramenta metálico usinado para produções maiores do que o anterior com maior qualidade de acabamento (este último mais caro e durável). Em todos os casos, os moldes são dotados de sistema de aquecimento, suspiros (que têm a função de permitir a resina escoar satisfatoriamente e preencher todas as cavidades do molde), guias e travamento (para impedir que o molde se abra quando submetido à pressão de injeção).

Aplicações: peças predominantemente laminares de dimensões variando de 300 x 300 mm podendo chegar a 3000 x 3000 mm de área que por necessidade devam ser confeccionadas com resinas termofixas (peças que sejam usadas em regime austero – radiação UV, intempéries, impacto, mudanças bruscas de temperatura etc.), exijam boa precisão dimensional (tolerância de - 0,1% peças com reforços e - 0,3% peças sem reforço), acabamento em ambas as faces etc. A título de exemplo podemos citar: componentes para indústria de automóveis, ônibus e caminhões (carenagens, pára-choques/spoilers, tampas de inspeção, grades de ventilação etc.), gabinetes de terminais de bancos, correios e outros tipos de serviços, bancos para trens e metrôs, entre outros. As dimensões máximas das peças neste processo dependerão da complexidade das formas e da possibilidade de realizar ferramentas capazes de suportar a pressão da injeção.

Matéria-prima: resinas termofixas em geral na forma líquida, sendo as mais utilizadas poliéster insaturada, epóxi, fenólica, entre outras como componente matricial e fibra de vidro (geralmente) ou de natureza distinta como componente estrutural (as taxas de fibra de vidro aplicadas estão compreendidas entre 12% e 50% em volume, que corresponde a 23% e 68% em peso).

Descrição do processo: o processo RTM (Resin transference Molding) pode ocorrer de 3 formas distintas. Aqui descreveremos apenas o processo de injeção com reservatório pressurizado que é constituído dos seguintes equipamentos: tanque de pressão, rede de ar comprimido, dutos para transferência de resina molde para conformação da fibra de vidro, molde para obtenção da peça final (geralmente macho e fêmea). O processo é iniciado pela moldagem do tecido ou manta de fibra na geometria da peça desejada. Esta fibra moldada é colocada no interior do molde que é fechado e devidamente trancado. Pela ação do ar pressurizado, a resina que se encontra no interior do reservatório é forçada a sair pelo único duto que por sua vez a conduzirá diretamente para o molde. A resina deverá preencher a cavidade do molde e, simultaneamente, envolver por completo a fibra colocada em seu interior. O molde é então aquecido para o endurecimento da resina e posterior liberação da peça pronta.

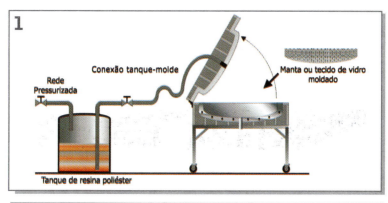

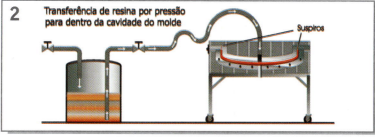

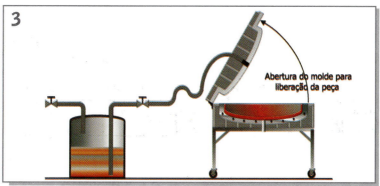

PULTRUSÃO

Produção econômica: depende da geometria do perfi bem como do volume de reforço empregado.

Equipamentos: processo que demanda equipamentos específicos de baixa complexidade, espaço e cuidados especiais quanto aos aspectos ambientais.

Ferramental: em aço, com custo dependente da complexidade da secção desejada.

Aplicações: perfis (vergalhões, vigas, canaletas e tubos) destinados à fabricação de escadas para manutenção de redes elétricas (entre outras), postes, calhas para cabos energizados, estantes industriais, estruturas leves para aplicações expostas à maresia, intempéries e corrosivos, carrocerias etc.

Matéria-prima: resina poliéster insaturada (predominante) na forma líquida como componente matricial e fibra de vidro (rooving, tecido e/a manta) como componente estrutural.

Descrição do processo: processo que consiste em submeter os fios e as mantas de fibra de vidro à passagem por um reservatório de resina poliéster, de forma que fiquem completamente embebidos por esta. A partir deste momento, a mistura de fibra de vidro e resina é submetida a passagem por dentro da cavidade de molde em aço com formato da secção desejada. À medida que o material vai avançando por dentro ao longo da cavidade o aquecimento do molde vai curando a resina com o respectivo formato. Por fim, gradativamente, o material já com formato do perfil vai saindo do interior da matriz auxiliado pela ação de puxadores para depois ser cortado no comprimento desejado.

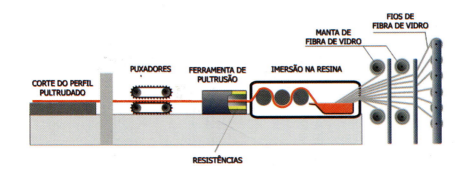

MOLDAGEM POR INJEÇÃO E REAÇÃO (RIM – REACTION INJECTION MOULDING BAIXA E ALTA PRESSÃO)

Produção econômica: pequenas e médias escalas por molde.

Equipamentos: dependente do tipo de PU empregado e das características da peça desejada. Para moldagem de peças em poliuretano flexível – tanques/reservatórios de matéria-prima, misturadores, aplicadores, carrossel, moldes em resina epóxi (geralmente) podendo ser de alumínio ou outro material para maior produção ou maior tempo de vida.

Ferramental: moldes em resina epóxi ou alumínio dependendo do tipo de poliuretano, das características da peça (principalmente quanto ao acabamento superficial) e do volume de produção desejado. Os moldes são geralmente bipartidos e dotados de dobradiças e trancas de segurança com vistas a suportar o esforço da expansão do material contra suas paredes internas sendo aqueles destinados para processo de baixa pressão mais econômicos do que os para alta pressão.

Aplicações: as peças em poliuretano flexível obtidas neste processo são bastante utilizadas como espumas para bancos de motos, automóveis, ônibus e caminhões, cadeiras e outras peças para escritório, peças para embalagens etc., já aquelas em poliuretano do tipo "pele integral" são geralmente reforçadas com alma metálica e indicadas para obtenção de peças que requeiram maciez ao toque, acabamento superficial texturizado, estabilidade dimensional e resistência mecânica como volantes, alavancas de câmbio, apoio de braços, entre outros para indústria automobilística.

Matéria-prima: a espuma de poliuretano é obtida pela reação de dois componentes básicos, o isocianato e o poliol e outros aditivos complementares. A proporção da mistura desses componentes é determinante para obtenção de uma espuma mais rígida ou mais flexível, com maior ou menor dureza, com maior ou menor aderência, com maior ou menor densidade entre outras características.

Descrição do processo: o processo de obtenção de peças de espuma de poliuretano consiste na aplicação da mistura dos componentes supracitados na cavidade de um molde (aberto ou fechado) dentro do qual ocorre sua expanção limitada às paredes internas deste molde.

Os componentes principais e secundários são armazenados separadamente em reservatórios interligados a um dosador/aplicador comandados por equipamentos previamente programado que limitam a quantidade exata de cada um para obtenção da peça desejada. Geralmente numa unidade de fabricação de peças em espuma, flexíveis moldes diferentes são montados sobre um trilho que de certa maneira circunda o conjunto dos reservatórios e aplicadores formando em torno deste um carrossel. Este carrossel facilita a fabricação pois permite com o deslocamento dos moldes que os diversos estágios do processo (aplicação

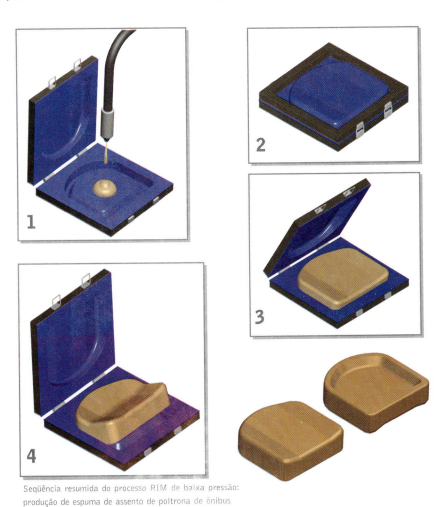

Seqüência resumida do processo RIM de baixa pressão: produção de espuma de assento de poltrona de ônibus

de desmoldante na superfície do molde, aplicação do material, expansão do material, cura, e retirada da peça) ocorram de forma simultânea.

As almas metálicas podem ser utilizadas desde que tenham um posicionamento seguro e bem determinado no interior da cavidade do molde, conforme ilustrado abaixo.

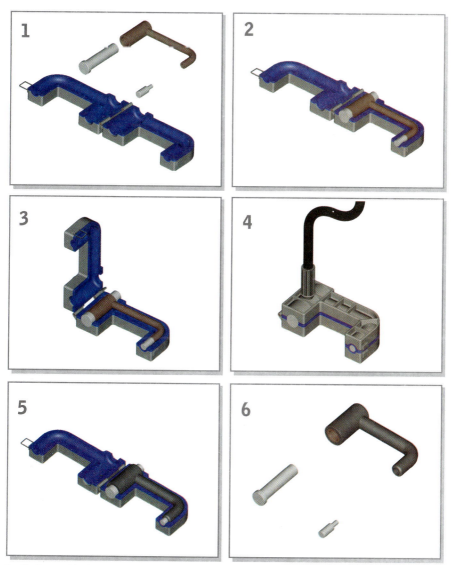

Seqüência resumida do processo RIM de alta pressão: produção de maçaneta de porta

CONCLUSÃO

POR UMA RESPONSABILIDADE AMBIENTAL.

Embora tenha sido apontado de forma sucinta no primeiro capítulo deste livro, os aspectos ou fatores que devam ou possam ser levados em consideração para escolha ou especificação de um ou mais materiais (e processos) durante o projeto, seria oportuno trazer a tona os aspectos que direta ou indiretamente poderão influir no meio ambiente.

É do conhecimento de todos a existência de graves problemas ambientais que assolam os grandes centros urbanos (em especial aqueles com perfil industrial) como o crescimento dos aterros sanitários e lixões, poluição por todos os lugares: dos lençóis freáticos, de rios e lagoas, do ar (enxofre, monóxido de carbono, dióxido de carbono e partículas nocivas) o que aos poucos vem contribuindo fortemente para o desequilíbrio climático em todo planeta, refletido em ocorrências anormais como o efeito estufa e a chuva ácida entre outros fenômenos.

Unindo-se a estes fatores temos a desenfreada extração e consumo de recursos não renováveis, como também de recursos "lentamente" renováveis, o que compromete ainda mais a existência do que resta de natureza no planeta.

É também sabido que a maior parte destas atividades, hoje consideradas negativas e algumas até ilegais, tem relações estreitas com o interesse econômico (a menor parte fica por conta da ignorância e de precárias condições de vida das populações do terceiro mundo).

Se atentarmos para o fato de que em relação aos níveis de produção e consumo de bens duráveis e/ou não duráveis as nações mais ricas ou mais desenvolvidas queiram, pelo menos, manter sua condição atual, e que as nações mais pobres, em geral menos desenvolvidas, almejem pelo menos melhorar sua situação para chegar perto das mais ricas, então podemos prever que se não houver mudanças significativas no estilo de vida com objetivo de reduzir drasticamente estes níveis, estaremos caminhando para uma situação ambiental realmente drástica. Como já está sendo observado pelo significativo crescimento econômico e populosas nações da Ásia que já reflete na falta de matérias-primas no mercado internacional bem como no aumento do consumo de energia e da poluição nas respectivas regiões.

É evidente que a reversão deste quadro é muito difícil e só poderá começar a ser possível a partir de uma conscientização real de todos nesta cadeia. Contudo, existem ações isoladas que podem ser colocadas em prática por diferentes seguimentos no sentido de contribuir de alguma forma para redução destes problemas.

No caso dos designers esta contribuição pode ser efetiva desde que, antes do início do projeto, exista refletida no briefing uma estratégia da empresa/cliente voltada para os preceitos do ecodesign que procura por meio de uma avaliação do ciclo de vida de um produto (desde a obtenção da matéria-prima até o descarte) equacionar as implicações ambientais com os fatores econômicos envolvidos com soluções criativas. Assim sendo, podemos citar algumas recomendações para que possamos atuar nesta direção:

- Reduzir a quantidade de material empregado - procurar sempre trabalhar neste sentido, pois além da economia de consumo de matéria-prima, tem-se menor gasto de energia durante o processo e menor custo de transporte;
- Reduzir a quantidade de componentes – com isto há redução do número de itens, redução dos tipos e da quantidade de matérias-primas;
- Facilitar a desmontagem do produto – para facilitar a posterior reciclagem ou reaproveitamento;
- Procurar manter ao máximo a integridade estrutural (principalmente dos materiais tradicionais) com o intuito de facilitar sua separação e reciclagem;
- Procurar empregar materiais e processos os menos poluentes possíveis - sempre verifique a agressividade que o uso do material e/ ou do processo possa causar ao meio-ambiente;
- Dar preferência a processos que necessitem da menor quantidade possível de recursos naturais como água, e energia, por exemplo;
- Dar preferência aos materiais derivados de fontes renováveis (os mais facilmente renováveis) quando não for possível empregar materiais recicláveis ou reciclados;
- Quando não for possível realizar um produto durável, procurar empregar material com duração diretamente proporcional ao tempo de vida do produto – em outras palavras, para produtos com ciclo de vida muito curtos (como a maioria das embalagens) empregar materiais mais fáceis de serem absorvidos pela natureza;

No caso dos fabricantes de matérias-primas, observamos esforços para minimizar impactos ambientais, com os recentes lançamentos de polímeros desenvolvidos a partir de fontes renováveis, com diferentes objetivos, além das funcionalidades a que se destinam, tais como: reduzir o consumo de material oriundo do petróleo (resinas hibridas), facilitar a decomposição do material na natureza, servir de adubo para o solo (resinas compostáveis), reduzir os impactos causados durante o processamento etc. Em termos práticos estes esforços estão representados pelos poliuretanos que empregam polióis desenvolvidos a partir da soja, os polietilenos fabricados a partir do amido de milho e do PET de cana-de-açúcar entre inúmeros exemplos.

É importante salientar que a preocupação com o meio ambiente não é nenhuma novidade e, ela vem sendo demonstrada, ainda que de forma modesta, por diferentes segmentos de diversos paises. Neste sentido podemos ter como exemplo o princípio dos 3 Rs (três erres) que correspondem a reduzir, reutilizar e reciclar.

Reduzir significa, como o nome sugere, diminuir ao máximo o uso, consumo e descarte de matérias-primas, componentes, energia e tudo o que estiver envolvido direta ou indiretamente com o produto. Neste princípio existem as embalagens de desodorantes, xampus, condicionadores dotadas de refis, sendo que a embalagem externa mais bonita, durável e com material mais nobre fica com o usuário por um longo período enquanto o refil, com desenho simples, material praticamente inalterado e em quantidade reduzida, é descartado e substituído por outro quando o produto acaba. Isto reduz o volume de lixo produzido, reduz os gastos com processo além de possibilitar a reciclagem dos refis.

Reutilizar significa desdobrar a funcionalidade original de um produto ou de suas partes no fim de sua vida útil, de forma a estender o tempo de vida evitando seu descarte total ou parcial. Esta reutilização pode ser proposital quando idealizada no projeto do produto, como nas embalagens que viram brinquedos, ou ser desenvolvida a partir da exploração criativa da geometria e do material do produto como ocorre com os sofás feitos de garrafas de refrigerante PET, com as sandálias feitas a partir de bandas de pneus recortadas, ou com os copos de geléia.

Reciclar significa reintegrar no processo produtivo de transformação a matéria-prima de um produto descartado. A reciclagem efetiva está limitada efetivamente aos fatores econômicos e técnicos pois existem casos em que o custo para se conseguir tornar o material reciclável é maior do que o custo do material virgem - este é um dos problemas que podem ser resolvidos por meio de maciços incentivos governamentais. Os problemas técnicos ficam por conta da perda de propriedades que alguns materiais apresentam quando submetidos à nova transformação. Como a maioria dos termoplásticos que estão limitados a proporções de no máximo 30% de material reciclado contra 70% de material virgem (para peças que exijam desempenhos modestos). Em contrapartida outros materiais são bastante valorizados para reciclagem como o alumínio, para o qual os custos de reciclagem são muito inferiores aos do processo para obtenção do material virgem.

Um sistema empregado para facilitar o processo de reciclagem em todo mundo é a simbologia de identificação do material utilizado para fabricação do produto. Para que o sistema seja efetivo, as partes do produto devem conter de alguma forma (gravada, pintada, etc.) na sua superfície esta identificação. Conforme demonstrado no quadro abaixo podemos observar que no caso dos termoplásticos, pela significativa diversidade existente, são diferenciados por números sendo que os de 1 a 6 correspondem àqueles mais utilizados, sendo redundante sua identificação pela sigla, e o 7 que corresponde a "outros" tipos que deverão ser descritos juntamente com o símbolo (por exemplo ABS, PC ou blendas PC + ABS). Outros materiais como o papel e o vidro são únicos e representam toda a família já, no caso dos metais temos um símbolo para o alumínio e um para o aço.

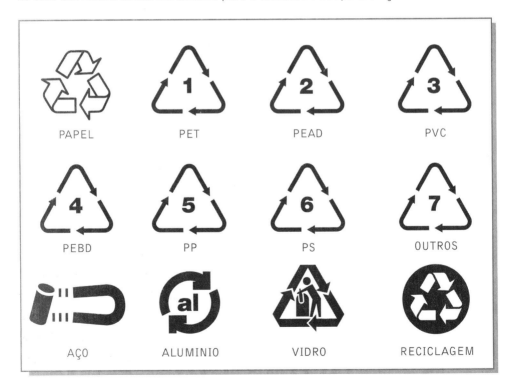

BIBLIOGRAFIA

BAXTER, Mike. **Projeto de Produto**. São Paulo: Edgar Blücher, 1995.

BLIBIOTECA PROFISSIONAL – EPS. **Tecnologia de La Madera**. Barcelona: Ediciones Don Bosco, 1984.

BRALLA, J. G. **Handbook of Product Design for Manufacturing. A pratical guide to low-cost production.** Mc Graw-Hill Book Company, 1998.

EDWARD, C. D. **Twentieth-Century Furniture**. Manchester University Press. 1994.

FERREIRA, A B. de HOLANDA, **Novo Dicionário da Língua Portuguesa**. 2a ed. Rio de Janeiro, Nova Fronteira,1986.

GIOVANNETTI, M. D. V. **El mundo Del envase**. Naucalpan, México: Editorial Gustavo Gilli SA, 2003.

GUEDES, B. e FIlKAUSKAS, M. E. **O Plástico**. São Paulo: Livros Érica Editora Ltda., 1997.

GRIGORIEV, M. A. **Estudio de Materiales para ebanistas e carpinteiros**. Moscou, URSS: Editorial Mir, 1985.

HESKET, J. **Desenho Industrial**. Rio de Janeiro: Livraria José Olympo Editora S.A., 1980.

LESKO, Jim. **Industrial Design Material and Manufacturing**. John Wiley & Sons, Inc, 1999.

MAIA, Samuel Berg. **O Vidro e sua Fabricação**. Rio de Janeiro: UFRJ, 2001.

MALISHEV, A. NIKOLAIEV, G. e SHUVALOV, Y. **Tecnologia de los Metales**. Moscou, URSS: Editorial Mir, 1985.

MANO, E. B. **Polímeros como Materiais de Engenharia**. São Paulo: Edgar Blücher, 1991.

_____. **Introdução a Polímeros**. São Paulo: Edgar Blücher, 1994.

MANZINI, Ezio. **Matéria da Invenção**, Lisboa: Porto Editora, 1993.

MILES, Derek Syril. **Tecnologia dos Polímeros**. São Paulo: Ed. da Universidade de São Paulo, 1975.

NORTON, Frederick Hardwood. **Introdução à Tecnologia Cerâmica**. São Paulo: Edgard Blücher, 1973.

PETRUCCI, E. G. R. **Materiais de Construção**. Porto Alegre: Editora Globo, 1980.

SECRETARIA DA CIÊNCIA, TECNOLOGIA E DESENVOLVIMENTO ECONÔMICO DO ESTADO DE SÃO PAULO. **Madeiras Material para o Design**. São Paulo: Páginas & Letras – Editora e Gráfica Ltda, 1997.

SOUZA, M. H. et alli **Madeiras Tropicais Brasileiras**. Brasília: IBAMA/LPF, 2002.

SOUZA, M. H. **Incentivo ao uso de novas madeiras para a fabricação de móveis**. Brasília: IBAMA/LPF, 1997

SORS, L., BARDÓCZ, L., RADNÓTI, I. **Plásticos Moldes e Matrizes**. Brasília: IBAMA/LPF, 1997.

SLACK, N. et alli. **Administração de Produção**. São Paulo: Editora Atlas, 1997.

VAN VLACK, LAWRENCE HALL. **Propriedades dos materiais cerâmicos**. São Paulo: Edgard Blücher, 1973.

KATZ, SYLVIA. **Eraly Plastics**. Buckinghamshire, UK: Shire Publications LTDA, 1994

MILEL, D.C. E BRINSTON, J. H. **Tecnologia dos Polímeros**. São Paulo, Ed. da Universidade de São Paulo, 1975.

APOSTILAS/LIVROS/CATÁLOGOS

ASSOCIAÇÃO BRASILEIRA DO ALUMÍNIO.

Guia técnico do alumínio volume 1 – **Extrusão**. São paulo: Técnica Comunicação Industrial, 1990.

Guia técnico do alumínio volume 2 – **Laminação**. São paulo: Técnica Comunicação Industrial, 1994.

Guia técnico do alumínio volume 3 – **Tratamento de Superfície**. São paulo: Técnica Comunicação Industrial, 1996.

HIDROPLAST. **Meta – Programa de Qualidade Hidroplast**. Botucatu, SP: Causa & Efeito Sistema Integrado de Comunicação, 1994.

SAINT-GOBAIIN GLASS. **Manual do Vidro**. Pioltello, Milão: Rotolito Lombarda, 2000.

HARADA, JULIO. Apostila de Materiais Termoplástico. Escola Técnica Estadual "Lauro Gomes", São Bernardo do Campo, 1996.

SITES NA INTERNET

www.acotecnica.com.br
www.abceram.org.br/site
www.abividro.org.br
www.abnt.org.br
www.arauco.cl
www.basf.com.br
www.bayer.com.br
www.bekum.com.br
www.braskem.com.br
www.cepen.com.br
www.cetemo.com.br
www.cisper.com.br
www.cogumelo.com.br/home.aspx
www.creativepultrusions.com
www.definicao.com.br/plasticosemrevista
www.dow.com
www.duratex.com.br
www.ebmi.com.br/index.html
www.eastman.com/Pages/Home.aspx
www.eletro-forming.com.br
www.fucoli-somepal.pt
www.golin.com.br
www.guardianbrasil.com.br
www.husky.ca
www.incotep.com.br/#2
www.infomet.com.br
www.iso.org
www.institutodopvc.org
www.klabin.com.br
www.masisa.com/bra
www.matweb.com/
www.metallux.com.br

www.multiborracha.com
www.ndsm.ufrgs.br
www.neobor.com.br
www.nitriflex.com.br
www.owenscorning.com.br
www.permetal.com.br
www.plasvac.com.br
www.plastico.com.br
www.plasticonline.co.uk
www.polyurethane.com.br
www.ptonline.com
www.rotomold.com
www.sabic.com
www.sandretto.com.br
www.sankoespumas.com.br
www.sulplast.com.br
www.tecnaro.de/
(no Brasil arejtman@uol.com.br)
www.travi.com.br
www.tupy.com.br
http://www.usiminas.com/irj/portal
http./www.vulcan.com.br
http://www2.dupont.com

Luz, Lâmpadas e Iluminação

Autor: Mauri Luiz da Silva

160 páginas
3ª edição - 2004
Formato: 16 x 23
ISBN: 85-7393-309-7

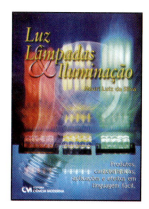

O gaúcho de Porto Alegre, Mauri Luiz da Silva, neste seu livro, aborda o tema da iluminação. Originalmente um poeta, já com livro publicado e sucesso de vendas, o autor fala desta vez sobre um assunto tão importante na vida atual: a luz, que em alguns de seus efeitos, resulta de grande sensibilidade. Além de uma fonte de consultas para profissionais de iluminação, estudantes de engenharia, arquitetura entre outros cursos técnicos, pode e deve ser lido também por toda e qualquer pessoa que se interessa pelo tema. As informações aqui registradas, bem como as dicas e esclarecimentos, são muito interessantes tanto para quem quer fazer um grande projeto de iluminação, como para quem quiser simplesmente iluminar adequadamente sua residência.

À venda nas melhores livrarias.

Iluminação
Simplificando o Projeto

Autor: Mauri Luiz da Silva

176 páginas
1ª edição - 2009
Formato: 16 x 23
ISBN: 978-85-7393-791-6

O Projeto de Iluminação, explicado de forma didática sempre foi algo muito procurado pelos que trabalham com a luz. Totalmente colorido, neste livro você encontra Dicas, macetes, orientações e muitas informações de como fazer um bom projeto de iluminação fazem a parte fundamental deste quinto trabalho literário e o segundo sobre o tema. Como no seu livro anterior, Luz, Lâmpadas & Iluminação, best-seller e precursor sobre o assunto, Mauri Luiz da Silva consegue nos colocar no caminho da luz, e novamente com a característica principal de sua obra, a linguagem acessível, onde a leitura flui de forma natural e motivadora. De estudantes aos mais renomados projetistas, todos encontrarão informações importantes neste livro, pois como sempre fala Mauri: Quanto mais se aprender sobre a iluminação, melhor, pois sendo matéria ainda relativamente nova no Brasil, tudo soma positivamente, sejam cursos, palestras, revistas ou livros. Iluminação – Simplificando o Projeto passa a ser fonte de consulta indispensável nessa busca incessante de informações sobre a LUZ e seus efeitos.

À venda nas melhores livrarias.

Impressão e Acabamento
Gráfica Editora Ciência Moderna Ltda.
Tel.: (21) 2201-6662